气排球教学理论与实践

QIPAIQIU JIAOXUE LILUN YU SHIJIAN

王晓桐 编著

中国社会出版社
国家一级出版社 · 全国百佳图书出版单位

图书在版编目（CIP）数据

气排球教学理论与实践 / 王晓桐编著．-- 北京 ：中国社会出版社，2021.9（2024.8 重印）
ISBN 978-7-5087-6549-5

Ⅰ.①气… Ⅱ.①王… Ⅲ.①排球运动－教学研究 Ⅳ.①G842.2

中国版本图书馆 CIP 数据核字（2021）第 186851 号

气排球教学理论与实践

出 版 人：程 伟
终 审 人：王 前
责任编辑：刘延庆
装帧设计：时 捷
出版发行：中国社会出版社
（北京市西城区二龙路甲 33 号 邮编 100032）
印刷装订：永清县晔盛亚胶印有限公司
版 次：2021 年 9 月第 1 版
印 次：2024 年 8 月第 2 次印刷
开 本：145mm×210mm 1/32
字 数：210 千字
印 张：8.875
定 价：78.00 元

前　言

也许你还在为《夺冠》中的中国女排而感动流泪，被六人制排球的精彩瞬间深深吸引，却对气排球感到陌生。

气排球由六人制排球运动衍生而来，它由中国铁路工人首创并逐渐发展成为一项正式的群众竞赛项目。气排球运动是一项集运动、休闲、娱乐于一体的群众性体育项目，其打法和计分方法与六人制排球基本相同。气排球从发明至今已有 30 多年，进入 21 世纪，在国家体育总局的大力支持和推广下，其发展更为迅猛。作为全国老年体协的五大竞技项目之一，气排球自从中国火车头老年体协首先推出该项目以来，先后在浙江、福建、上海、江苏、湖南、广西、重庆等地得到了很好的推广，打球健身的老年人越来越多，尤其以广西最为普及。

气排球由于运动适量、不激烈，男女都可以混合进场参与，所以适合各个年龄段的人进行强身健体活动。目前气排球的参与人群已经由最初的老年人推广到各个年龄段，可以说气排球运动为全民健身和大众体育的深化发展贡献了巨大的力量。

随着气排球运动的发展和完善，与其相关的知识理论、技战术方法、规则与裁判等方面的内容匮乏日益凸显。为进一步完善气排球理论体系，作者在多年教学和实践的基础上，参阅了大量有关排球和气排球方面的书籍，并根据气排球运动的一般规律，尽可能体现气排球运动知识体系的完整性、内容的严谨性、实践指导的实用性，悉心编写了本书。

本书力求做到为全民健身和大众体育服务，让更多的人了解气排球，参与气排球运动，感受运动的魅力，体会体育的活力，享受体育的乐趣，为“健康工作五十年，幸福生活一辈子”作出应有的贡献。

由于编者水平有限，书中若存在不足和纰漏，欢迎广大读者批评指正。

目　录

第一章　气排球运动概述

第一节　气排球运动的起源与发展

一、气排球运动起源与发展

气排球是我国土生土长的、在人民群众中不断发展壮大的一项体育项目，是从排球项目衍生出来的群众性体育活动。它以球体大而轻、来回次数多、速度慢、趣味性和安全性高等特征，得到了众多人的喜爱。尤其是在南方地区，气排球的开展如火如荼。经过 30 多年的发展变化，在 2017 年第十三届天津全国运动会上，气排球成为群众体育的正式比赛项目之一，这标志着该运动受到官方的高度认可，掀起了新一轮的发展热潮。中国教科文卫体工会全国委员会主席王科曾表示："气排球是一项十分有利于健康的群众运动，走向全运会标志着气排球运动走上正规化，对于运动的普及推广和全民健康都有积极的促进作用。"

（一）雏形期（1984—1990 年）

1984 年，为了更好地开展老年人体育活动，丰富退休职工的业余生活，呼和浩特铁路局集宁分局的老干部在组织群众体育运动的基础上，以打气球的形式，在羽毛球场地开始了这项运动，并参照六人排球赛制定简单规则。他们用两层气球套在一起活动，后又改为利用儿童软塑球，开创了气排球的先河。1986 年，在广西灵川县，为更好地推广老年人体育活动，老年人体育协会副秘书长龚艺利用塑料袋充气成球，在当地举办了首届老年人“汽排球”（后改为气排球）比赛。1989 年 9 月，中国火车头体育协会第一副主席韩统武观看了在呼和浩特铁路局举办的第四届全局老年人运动会气排球比赛后，认为这种运动形式很好，可以在全路段推广。此阶段的气排球规则从无到有，以老年人的运动特点为基础，以娱乐健身为主，虽然是一个简单模糊的雏形，但为以后气排球的发展打下了良好的基础。

（二）探索期（1991—2002 年）

1991 年是气排球发展的重要一年，在全国铁路系统离退休人员的体育工作大会上，呼和浩特铁路局集宁分局的代表进行了气排球展示，得到了大家的一致赞誉。6 月，气排球运动推广小组在北京正式成立，火车头老年体协编制出第一本《气排球竞赛规则》，在上海特制了比赛标准用球。1992 年 3 月，石家庄举行了第一期全路段气排球学习班，气排球运动逐渐走向标准化、规范化。11 月，湖北武汉成功举行了首届全国铁路系统气排球比赛，有 7 支男队、6 支女队参赛，这是气排球运动探索发展的重要标志。1993 年 3 月，著名的中国火车头老年人气排球协会在北京正式成立，该组织为气排球初期的发展提供了强有力的组织保证。1995 年 5 月，前国际奥委会主席萨马兰奇在天津世乒赛考察期间，观摩了铁道科学院的气排球队演示，并给予了高度评价：“气排球很好，既适合老年人，也适合中年人、青少年，我们要把这项运动好好地推广下去。”1998 年，全国老年体育工作会议决定要在全国推广气排球运动。1999 年，火车头气排协承办了全国老年气排球教练员、裁判员培训班，并与中央电视台共同拍摄完成第一部气排球电视教学片，在《夕阳红》栏目中连续播出，收到不错的反馈。由于气排球简单易学，比赛趣味性强，且是群众体育项目，具有较强的亲和力，受到了许多老年人的喜爱。在探索发展期，气排球运动主要是在全国铁路系统的老年人中推广，从诞生初期的娱乐游戏性开始往竞技方向发展，但影响规模并不大，受关注度不高。

（三）普及推广期（2003—2014 年）

这一时期气排球运动在国内得到蓬勃发展，并开始走向国际。一是这项运动在全国各地、各行各业中逐步推广，运动参与人群逐渐由老年人向中青年发展，北京、上海、湖南、广西、江苏等省市还确定在青少年中发展气排球运动。二是中国老年体协在赛事交流、裁判培养、组织管理等方面开展了大量工作，并加强了与国家排管中心的沟通和交流，使得气排球运动发展更加科学化、规范化。从 2012 年开始，国家体育总局每年均下拨专项经费支持气排球运动。

2003 年 11 月，在浙江省丽水市举办了华东地区首届老年人气排球比赛，标志着气排球运动的推广普及取得了实质性进展，气排球运动开始走出铁路系统，逐步面向全社会。同年，国家体育总局排球管理中心再次修订《气排球竞赛规则》，进一步规范气排球比赛。2004 年 10 月，在浙江省丽水市，全国首届老年人气排球比赛隆重举办，进一步加深了气排球运动在民众中的影响力，走向全国。同年，呼和浩特铁路局在北京体育大学将气排球作为娱乐排球的一种向师生们介绍，并在附近的中学推广，气排球开始进入校园。2005 年 7 月，中国老年人体育协会制定了《老年气排球竞赛规则》，进一步规范和指导气排球比赛，并在全国中老年人气排球比赛中施行。从2007年开始，国家体育总局社体中心、中国老年人体育协会和排球运动管理中心等部门多次对气排球规则进行调研和修改，进一步促进了该项赛事的开展。2009年，全国首届老年人健身大会气排球交流活动在山东威海隆重举行，共有来自7个省市66个代表队的755名运动员参加，规模空前。如今，气排球已经成为全国老年体协的五大竞技项目之一，在老年人运动中具有重要的地位和作用。2010年春节，时任国务院总理温家宝在广西壮族自治区考察期间，曾到东兰县中学看望慰问教职工，并和他们一块打气排球，气排球的发展得到党和国家领导同志的关心和支持。2013年，中国排球协会、排管中心组织编写、出版了我国第一部《气排球竞赛规则》，进一步规范了气排球运动。2014年，在福建漳州举办了气排球国家级裁判员和骨干培训班，标志着我国气排球运动进一步具备了组织正规比赛、交流和推广的基本要素。气排球运动作为社会性群众体育运动项目之一，在全民健身活动中越发成熟、规范。可以认为，气排球运动在此阶段已经走向全国，规则日趋完善，在南方部分省市已经形成气候，越来越多的中青年加入进来，参与人群结构有了一定的变化；但地域发展不平衡，南方比北方发展要快，全国性的比赛还是以老年人气排球赛为主，缺乏规模效应。

（四）蓬勃发展期（2015年至今）

随着全民健身运动的广泛开展和“健康中国”战略的不断推进，气排球运动的发展十分迅猛。气排球不再仅局限于老年人运动，更多的中青年、学生等群体加入了气排球运动大军。它从以往只局限于老年人群逐渐向社会上的各个人群、系统、行业等进行辐射，社会影响力逐渐扩大，全国性的气排球比赛不断增多，更多的人参与其中并爱上了这项运动。2015年4月，首届全国大众排球运动交流推广研讨会在首都体育学院举行，中国排协宣布将继续加强以气排球为主的大众排球活动的组织建设，以校园、社区、企事业单位为基本要素，全面推进大众排球发展，说明这种起源于我国民间，并在群众中得到广泛开展的排球运动形式得到了管理部门的高度认可，它将在全民健身中发挥更大作用。会上还宣布创办每年一度的“超级杯”全国气排球锦标赛，主要参赛者的年龄涵盖了24～59岁人群，覆盖范围包括青年、中年和老年群体。2015年首届“超级杯”全国气排球联赛共有80支球队近800名运动员亮相总决赛赛场。2016年“超级杯”全国气排球联赛共有96支队伍的近1000名选手参赛。如今，每年一次的“超级杯”气排球赛分站赛、总决赛已经成为国内规模最大的全国性气排球赛事。从2015年开始，以“宇生富”为代表的新一代气排球推出并广受好评，球体更大、手感更好，与硬排的对接较为紧密，这是传统气排球的一次重大改革和发展。2017年，天津全运会将气排球项目正式纳入群众比赛项目，这掀起了新一轮的气排球热潮。全运会决赛的各支队伍都经历了各省、自治区、直辖市举办的海选赛、争霸赛等各种形式的选拔，据统计，有超过15万名群众报名参加，共进行了48546场各级各类的选拔赛，成为真正的全民全运。相关数据表明，2014年气排球的参与人数是两三百万人次，2017年全运会结束后，全国打气排球的人数已经上升至近2000万人次。全国青少年气排球夏令营自2012年首次举办以来，已经逐渐发展成为一项传统体育赛事。从2016年开始，排管中心推出全国大学生气排球联赛，2018年又推出第一届中国气排球公开赛，涵盖中年、青年两个级别，同时还推出了全国小学生气排球联赛。

青少年群体逐渐成为气排球比赛的重要参与者，说明气排球运动逐渐摆脱老年人运动的范畴，正式进入青少年的日常体育活动中，覆盖整个年龄层次，这也是全民健身的重要突破口。气排球运动从最初在铁路系统由群众自发性组织活动，发展到由老年人体协组织活动，再到如今由体育行政部门牵头多个单位参与的每年十几次的全国性赛事，无不体现了我国气排球运动的快速发展壮大，气排球真正成为全民运动，新一轮的排坛旋风正在形成。

二、部分省、自治区、直辖市和学校开展气排球运动的现状

北京市是我国最早开展老年人气排球运动的地区之一。多年来，火车头体育协会与铁道部机关、铁道科学研究院、铁道建筑总公司和北京铁路局等单位的老同志一直坚持进行气排球活动，并组队参加历届铁路老年气排球赛。1999 年参加了中央电视台《夕阳红》栏目，拍摄气排球教学片。2006 年 9 月，举办了北京市首届中老年气排球比赛。2013 年 4 月 1 日，成立了北京气排球专项委员会。

上海市气排球活动人群中有一批由原国手和市优秀运动员组成的队伍，因此组队后进步很快，特别是男子队在全国比赛中获得两次第一名。2012 年全国总决赛中，男、女队双获第二名。2012 年 4 月曾组队参加在我国香港举办的气排球邀请赛。该市高桥陆凌镇是气排球活动开展较为活跃的社区之一。上海市还于 2011 年组织了残疾人气排球队，并与江苏省太仓市气排球队进行了交流比赛。

浙江省是老年人气排球“走向社会”推广较好的省份之一。2014 年举办了万人气排球活动，有 232 个单位约 75000 人次的老、中、青成员参与了活动。下辖的丽水、东阳、奉化、

松阳、海宁、台州、富阳等地气排球运动人口多，场地设施建设较好，活动形式丰富多样。丽水市是首届华东地区老年人气排球比赛地，也是首届全国老年人气排球比赛的举办地；东阳市是2015 年“超级杯”浙江分区赛的举办地，自 1999 年引入气排球运动后，已有近 4 万名气排球爱好者，有室外场地 1209 片，2010 年被命名为浙江省“老年气排球之乡”；宁波市奉化区现有气排球队 400 多支，参与活动人数 3000 多人；松阳县现有球队 130 余支，近万人参与活动，场地 110 多片，2012 年被命名为浙江省“老年气排球之乡”；海宁市于 2009 年成立老年气排球协会，现有团体会员 27 个，参与活动人数超过 3000 人，建立球队 148 支，注册球队 62 支；台州市牵头组织气排球文化研讨活动、气排球夏令营活动；富阳市组织了沙滩气排球赛。2013 年，东阳市、海宁市、松阳县和奉化区被命名为“全国老年气排球之乡”。

气排球 1994 年传入福建省。该省一些地区历来就有打排球的传统，气排球传入后，便得到了迅速的发展。2000 年之前，参与的对象为老年人。之后，由于气排球运动具有娱乐性、健身性、竞技性的特点，吸引了大批中青年的加入。2009 年，每年一届的福建省气排球公开赛开始举办，再加上“体育三下乡”和其他各层次、多样化的政府、民间气排球活动互搭平台，更是激发了广大群众参加气排球活动的积极性。目前开展得较好的地区有厦门、泉州、莆田、三明、漳州、宁德、福州等地。2015 年福建省气排球公开赛按年龄分设男、女甲、乙、丙组，甲组为 50 ~ 60 周岁，乙组为 35 ~ 49 周岁，丙组为 20 ~ 35 周岁。比赛皆为四人制，且开始接纳省外队伍报名参赛。如今，福建省的气排球运动水平在全国享有盛名：在由中国老体协主办的全国老年气排球比赛中均获得前三名的佳绩；2015 年“超级杯”全国气排球联赛总决赛中，福建 7 支球队进入男、女中、青年组的四强，大学生男、女专业组的冠军均被福建师范大学收入囊中，男、女公共体育组的冠军则均是福建农业大学。全国老年人气排球比赛曾先后三次在福建（莆田 2 次，漳州 1 次）举办。除了各行业、系统、社区、城际赛事外，福建省还组织了一年一届的海峡两岸姐妹气排球比赛和海峡两岸健身气排球比赛，促进了海峡两岸气排球的发展和交流。2010 年和 2014 年，福建省运动会均将气排球代替排球列入正式比赛项目，进一步推动了该省中青年气排球运动的发展。

云南省是开展气排球运动最活跃的省份之一。早在 1997 年滇南开远县就开展了中老年人气排球活动。2003 年云南省高校系统举办了首届气排球比赛，正式拉开气排球“走向社会”的序幕。2005 年 5 月，云南省开创性地将气排球比赛与大产业旅游相结合，举办了规模空前的全国邀请赛。2006 年至今，又连续举办了 7 届全国气排球邀请赛，包括傣、彝、景颇、哈尼等少数民族在内的 120 支参赛队，凸显了多民族的特色。据统计，云南省参加气排球活动人数达 8 万之多。目前，云南已进行了系统规划，准备在已有的群众基础上，抓住机遇乘势而上，通过主办、承办、协办等方式，宣传、动员起各年龄层次的群众，积极参与气排球运动，逐步建立起各州市、机关单位、行业系统、大专院校加民族、农民、妇女的“4 + 3”模式，形成纵向自成体系到基层、横向又相互交融的普及与交流的平台，把气排球运动办成覆盖全省、影响广泛、充满活力、健康向上的群众体育精品项目。

广东省气排球运动是首先在广铁集团及深圳铁路局等单位开展起来的，而后逐渐向周边传播。2003 年深圳市老年人体育协会根据中国老年人体育协会“在全国范围内推广气排球运动”的要求，于2004年由南山区老年人体育协会组成气排球专项小组和男子气排球队。他们采用“请进来”“走出去”的方式为队员进行技战术指导，并编印《老年排球基本知识》供广大气排球爱好者学习。目前，南山区下属8个街道有男女气排球队62支，经常参加活动的超过1500人，拥有场地56片，其中室内场地35片。2008年11月，全国第五届老年气排球赛在广东河源市龙川县举办，带动了全省气排球运动的发展。2010年11月17日，回良玉副总理观看社区气排球活动，更激励了球友参加气排球活动的热情。2011年7月成立了深圳老年人体育协会气排球专项委员会。2014年11月举办了海峡两岸气排球邀请赛，来自香港、澳门、台湾、北京等地的36支球队参加了比赛。2015年12月，海峡两岸暨港澳气排球联谊赛在深圳市南山区文体中心举办，来自香港、澳门、台北的6支队伍以及全国“超级杯”气排球联赛的男女中年组16支队伍和青年组8支队伍，共30支队伍参加了比赛。

广西壮族自治区是气排球运动普及较广的地区之一。1990年，广西铁路系统就在离退休职工中推广气排球。柳州铁路局老年气排球队曾在铁路第四届和第六届老年人气排球比赛中，分别夺得男子组和女子组冠军。广西女队也在全国第一届和第四届老年人气排球比赛中分别获得亚军和冠军。2007年和2010年分别举办了“首届城乡万人气排球大赛”，有6万余人参加，先后打了800多场比赛。2009年12月25日，广西首届“红水河杯”绣排球比赛在兴宾县举行。绣球是壮族人的定情信物和吉祥物，“绣排球”则是在气排球外装饰了花瓣形的绣球图案。三男三女编队，身穿“壮乡打扮”服饰，比赛独具特色。

新疆维吾尔自治区引进气排球时间并不长，但短短几年里依托退役老女排队员的示范作用，发挥她们的影响力，逐步推进此项运动的开展，让气排球走进厂矿、走进乡村、走进学校。同时，该地发挥独特的地域特色优势，因地制宜地开展活动，使草地、雪地、沙地也成为训练场和比赛场。由于新疆是个多民族聚居地区，新疆维吾尔自治区排协在制定本地气排球规则的时候，还专门编写了汉语和维吾尔语的双语版本气排球规则，满足了广大维吾尔族气排球爱好者的需要，想方设法、不遗余力地把气排球推广到天山南北。在 2016 年“超级杯”分区赛（云南大理站）中，来自天山脚下的新疆女队突出重围，夺取了女子中年组冠军。

另外，四川成都市，山东潍坊市、青岛市，甘肃嘉峪关市，江西宜春市、赣州市，江苏太仓市、宜兴市，安徽阜阳市，湖北黄石市，湖南株洲市，新疆生产建设兵团等地的气排球活动均能结合本地区、本行业情况，开展得有声有色，深得群众的喜爱。

目前，气排球运动在学校开展得还不够普及。除少数大学、中学（如云南大学、西南林业大学、广西师范大学、中山大学、苏州大学、江西理工大学、江西宜春学院、武夷学院、青岛高校联队、广东河源职业技术学院、漳州师范学院、江南大学、华侨大学和广西柳江中学、广西东兰中学、江苏楚州中学等）外，中小学开展这一项目的仅江苏、广西等几个省份。从相关调研来看，学校开展气排球活动可行性强，目前滞后的主要原因是受教学计划限定（大学硬排球、中学软排球）和考核标准的牵制。

三、气排球运动发展态势

（一）运动模式由健康娱乐向健康娱乐与健康竞技相结合发展

排球运动为大众所喜爱，却因为它高度的技巧性和器材的特点而让人却步。人们渴盼有一种便于大众参与的排球运动问世，于是世界许多国家的人们开始从球的性能、场地大小、球网高低、比赛规则上进行相应的变革，全球性的娱乐排球应运而生。气排球运动的发明创造便是其中之一。开始这一运动主要在老年人中展开，以强身健体、娱乐身心为主要目的，多是无网进行活动，隔网对抗较少。随着运动的逐步推广，活动者由老年人逐步转向老、中、青、少各年龄段皆可参与，技战术水平不断进步，参与者的兴趣越来越浓，活动多以比赛形式出现，且越来越激烈，精彩程度越来越高。在竞技性逐步显著的同时，也随着参与者年龄、性别等的差异形成无网气排球、沙滩气排球、妇女气排球、少儿气排球、草地气排球等娱乐排球活动形式。气排球运动的普及、发展与提高，使得气排球运动由健康娱乐向健康娱乐与健康竞技相结合的方向发展。

（二）开展活动的地区由沿海城镇向内地扩展

气排球发源地为内蒙古自治区的集宁，当时限于铁路系统职工活动，后在沿海地区（浙江、福建、广东、广西）发展较快，渐成规模。近几年，在东北、西北、西南、中南、华东等地区蓬勃发展，连接成片，覆盖全国，就近地区之间经常组织各类赛事。

（三）运动人群由老年向中、青、少年展开

目前，气排球运动的参与人群由老年人转向老、中、青、

少不同年龄段人群，愈趋年轻化。与老年人相比，中青年人在活动中更具活力，有些省、自治区、直辖市在举行老年人比赛的同时，也组织中青年人的比赛。如第二届华东地区气排球精英赛、广西万人气排球赛、福建省全民健身运动会均设立了中青年组。随着公园排球的开展，气排球也逐步融入这些活动。

（四）运动队由混合组队转向混合组队与行（专）业组队相结合

气排球运动发展之初，项目普及度不高，运动人口不多，除了铁路系统外，其他来自各行各业的气排球爱好者们只能自己邀约组队参赛，为混合组队模式。随着气排球运动的不断推广，来自各行各业的气排球运动人口日益增多。各机关、系统、单位纷纷开始组织各级各类气排球赛事，以活跃单位人员文体生活。除了各类民间赛事及国家、省、市、县体育局组织的赛事，行（专）业赛事也进入了气排球赛事大家庭。运动队由混合组队变成了混合组队与行（专）业组队相结合。如江西省宜春市的银行系统气排球赛，云南组织的大专院校比赛，福建近年来组织的社区、地税系统、工会系统比赛等。气排球的办赛形式也由政府体育部门主办，转向由各基层气排球专项委员会、协会等民间组织联手办赛，这给基层气排球队伍搭建了一个相互学习、交流的平台。赛事不设过多门槛，实行自愿参加、自由组队、自理经费、自负安全的活动形式，让更多的基层队伍有参加全国性的气排球交流活动的机会。

（五）运动技战术由全面型向快速多变型发展

气排球比赛中，攻防转换快，来回球增多，场上队员在不同的位置随时都要参与进攻与防守，有一定技术难度，如拦网后撤 2 米以外扣球、防接对方大力扣球等。因此，要求队员要全面掌握各项技术。随着青年队员的加入，在原有老年气排球战术的基础上，逐渐向快速多变的跑动进攻体系发展，平快球、掩护进攻等都出现了。在防守战术上，根据对方的进攻阵型改变本队拦网和后排防守的布局，同时采用个人发球战术的变化，破坏对方的接发球与接发球进攻体系。

（六）由境内向境外、由国内向国外传播

近几年，气排球运动已经向我国香港、澳门、台湾等地区传播。同时，云南、福建、广西等边境省区，向越南、老挝等近邻国家展开各种交流活动。如在厦门举行的两次海峡气排球邀请赛，我国香港、澳门特区以及台湾地区的台中市、金门县的气排球队应邀参加；上海市女队应邀参加香港举办的气排球赛；云南省男女气排球队访问越南，越南派队回访参加在昆明市举行的“鑫夕阳健康杯”气排球邀请赛；老挝男女气排球队访问云南西双版纳；广西百色市团校举办中越青年学员气排球赛；苏州大学举行外国留学生气排球友谊赛；等等。

（七）管理形式更加多样化

气排球的管理形式由中国老年人体协独管逐步转向中国老年人体协、国家体育总局社会体育指导中心和国家体育总局排球管理中心、中国大学生体育协会四位一体的管理形式。这样，有利于各级老年气排球专项委员会（或协会、联谊会、小组）得到社体中心和排球协会的帮助、支持，便于开展工作，同时，也可行使气排球会员的义务与权利，促使各级老年气排球组织的建立，如成立全国和各省、自治区、直辖市老年人体协气排球专项委员会、气排球协会等。

（八）活动形式更加多样化

气排球运动的活动形式由以比赛为主，逐步向比赛与文化

（书法、摄影、诗歌）、论坛（研究、评论、报告）、旅游（参观、游览、访问）、娱乐（演唱、朗诵、舞蹈）等形式相结合，提高了参与者的人文素养。

第二节　气排球运动的特点与功能

气排球运动是排球运动的一个衍生项目，参与者以身体任何部位（手、手臂为主）击球，使球不落地，既可隔网进行集体的攻防对抗性的比赛，也可不设球网进行相互击球游戏。它作为排球运动家族的成员，既具有排球运动的相关特性，也具有其自身的一些特性。

一、气排球运动的特性

（一）气排球运动的排球运动特性

1. 独特的空中击球技术

在无网击球游戏和比赛中，无论是接对方的球或接本方同伴的球或抛起发球等各种击球方式，都是击空中飞行的球，因此，参加气排球运动的人，要具有高度的时间感和空间感。

2. 击球时触球时间短促

不允许“持球”，即不允许球在击球部位（如手等）停留时间过长。因此，运动者既要有在短暂的触球时间内，对来球的力量、速度、角度等因素的判断能力，又要有将球准确地击向预定目标的控制能力。

3. 全身各部位均可击球

与其他排球运动一样，气排球竞赛规则允许运动员全身任何部位触球。因此，参加气排球活动的人在击球过程中能充分体现自我才能和展现各种高超的击球技术。

4. 独特的得分和失分计算

在运用各种技术动作时，都能直接得分或直接失分。因此，运动员要具有扎实的基本功，全面、熟练地掌握技术，提高成功率，降低失误率，这也是气排球比赛中不可忽视的制胜因素。

5. 战术配合时触球次数的有限性

隔网对抗时，每一次战术配合只能在 3 次击球次数内完成。因此，运动员要具有高度的战术意识和与队员默契配合的能力。

（二）气排球运动的自身特性

1. 球体大

圆周长为 72 ~ 78 厘米（硬排、沙排、软排均为 65 ~ 67 厘米），手接触球部位增大，易控制球，易发力。

2. 球量轻

重量 120 ~ 140 克（软排为 170 ~ 190 克，硬排、沙排均为 260 ~ 280 克），不用大力击球，易起球。

3. 球压小

气压 0. 15 ~ 0. 18 千克/平方厘米（沙排 0. 175 ~ 0. 225 千克/平方厘米，硬排球 0. 30 ~ 0. 325 千克/平方厘米），手感好，易熟悉球性。

4. 球质软

薄皮包裹内胆，接触时没有疼痛感，不伤指，解除“怕痛”心理。

5. 球性好

球体弹性足，软中有刚，易传（软排弹性松软，需借力；硬排手指承力大，有疼痛感，易受伤）。

6. 球速慢

球飞行时飘度大、滞空时间长，球落地较慢，易移动击球（硬排球速快，软排沉重下落快）。

7. 球场小

长 12 米，宽 6 米（沙排 16 米 ×8 米；软排 A 制 18 米 ×8 米，B 制 18 米 ×9 米；硬排 18 米 ×9 米），传、扣或防守时，不需大范围助跑和移动；为避免出界也不需大力量发、扣球。场地还可套用羽毛球场地（长 13.4 米，宽 6.10 米）。

8. 上手易

气排球上手技术要求不高，规则简单易行，一学就会，对于没有排球技术基础的各个年龄段初学者，尤其是中老年和小学生而言，不会有太大的难度。

总之，气排球活动难度不大，上手技术要求不高，不伤手指，安全性较高。比赛中来回球增多，既提高了活动的兴趣性、欢快性和激烈性，又保证了一定的运动量；既可提高参与者的体力，又能保持和提高身体的灵活性，适合不同年龄阶段人群的参与。

二、气排球的比赛方法

（一）比赛的组别

按照“超级杯”赛的规定，气排球运动赛事一般分为四个组别：60 周岁以上的为老年组，45 ~ 59 周岁的为中年组，24 ~ 44 周岁的为青年组，各高校具有学籍的在校全日制学生为大学生组。在各类基层比赛中，一般会根据赛事组织针对的人群，进行年龄组别的设定。如一些邀请赛就会设立中老年组和青年组，中老年组男子为 50 ~ 65 周岁，女子为 45 ~ 60 周岁；青年组男子为 35 ~ 49 周岁，女子为 30 ~ 44 周岁。

（二）比赛的特殊规则

1. 比赛人数

青年（大学生）组比赛为 4 人制，中年组、老年组比赛为 5 人制。

2. 比赛网高

中青年（大学生）男子组 2.1 米，中青年（大学生）女子组 1.9 米；老年男子组 2.0 米，老年女子组 1.8 米。

（三）比赛方法

气排球运动的比赛方法是多种多样的。基本方法是由两支人数相等的球队在被球网隔开的两块均等的场区内站成前后两排，根据规则以身体任何部位将球从网上击入对方场区。比赛开始时，由后排 1 号位队员在发球区发球过网后，每方最多击球 3 次（拦网除外）使球过网，不能“持球”或“连击”，必须在两米线后扣球过网，在前场区进行进攻性击球或击球过网时球必须有明显向上的弧度。比赛应不间断地进行，直至球落地、出界或某队犯规。发球队获得发球权或获得 1 分后，必须按顺时针方向轮转一个位置，由轮转到 1 号位的队员发球。比赛采用每球得分制和三局两胜制。

三、气排球运动的功能

（一）增进健康，强健体魄

气排球运动娱乐与竞技并存，不同年龄、不同性别、不同技术水平的人都能参与，或活动，或比赛。经常参加气排球活动，不仅能改善人体中枢神经系统和内脏器官的功能状况，还能提高人的力量、速度、灵敏、弹跳、耐力等身体素质和活动能力。尤其是中老年人，由于气排球场地不大，跑动距离不长，活动量适中，参加这项活动时，肢体始终处在运动状态，不仅能够壮腿强脚，而且能起到锻炼关节、活络血脉、强壮器官、抵抗衰老的作用。

（二）培养团结协作、和谐向上的团队精神

气排球比赛是一项靠全队互相弥补、集体配合取胜的球类竞赛项目，个人的优势、特点均要在同伴的配合下才能发挥得淋漓尽致，也只有如此才能获得比赛的胜利。这就要求运动员在比赛中能随时准备保护同伴击出的非到位球，同时还要为下次击球的同伴创造便利条件。因此，参加气排球活动，可以很好地培养人的团队意识和团结协作的集体主义精神。

（三）提高人的信息反应、传递和应变的能力

作为排球运动大家庭的一员，气排球运动也是一项依靠判断的运动，准确的判断是比赛制胜的重要因素之一。判断的基础是“眼观六路”“耳听八方”，通过观察对方及同伴的动作，以及击球的速度和方向、场上的布局，来预测将要发生的情况，迅速应变，作出决策。而且气排球是一项集体运动，要求场上的每一个人都要不断观察同伴的意图，默契配合，及时应变，在规则范围内合理动作。所以，经常参加气排球活动，在强身健体、愉悦身心的同时，能有效提高人的观察、分析和应变能力。

（四）培养和锻炼良好的心理素质

参加气排球活动，能学到很多控制自己情绪和调节自身心理的手段和方法。在气排球比赛中，比赛情况瞬息变化，自身失误、裁判员漏判或误判等各种情况都有可能发生。失误时，要使自己尽快冷静，积极应对，不灰心、不气馁；比赛的关键时刻，要让自己充满自信，进攻不手软；当裁判员判罚对己不

利时，要做到不急、不躁、不指责。这些都有利于增强人的心理承受力、环境适应力和处事调节力，从而提升心理素质。

第三节　气排球运动基础理论知识

一、气排球运动的供能特点、运动力学基本理论知识

（一）气排球运动的供能特点

大量的数据统计结果表明，气排球比赛中常见的起跳、扣拦等技术动作一般在3秒之内完成。气排球比赛一场时间通常30分钟，气排球比赛一个回合竞争的时间有时在数十秒。可以认为，气排球比赛的运动形式是由扣球、拦网等多次短促快速用力和短间歇时间的连续爆发用力，以及较长时间的中低负荷强度的准备、移动取位活动组成。因此，气排球项目属于短时间、爆发式的身体运动被短暂的休息分隔开来的间歇运动。由于既有高强度的快速攻防，又有许多相对较长时间的无球中、低强度活动，决定了提供气排球运动肌肉工作的能量系统具有主次之别。气排球运动供能特点是以非乳酸能（ATP－CP）系统供能为主，有氧供能和乳酸供能为辅。其中，有氧供能在长时间的排球比赛中的地位非常重要。

（二）气排球技术的运动生物力学一般理论分析

气排球技术动作中包含着运动力学问题。认真研究气排球技术中影响人体运动的起动、移动、制动起跳、挥臂等技术动作的生物力学原理及影响球飞行的一些力学因素，有利于找出技术动作的关键点和难点，有利于练习者正确领会动作要领，提高掌握、运用技术的能力。

1. 起动

起动是移动的开始，是练习者在球场上由静止状态变为运动状态的一种脚步动作。它是在准备姿势的基础上，变换身体重心的位置，破坏准备姿势的平衡，使身体便于向某一方向移动的关键。在进攻中，突然快速地起动，是加快进攻节奏，提高进攻效果的有效手段；在防守时，迅速地起动是保持或抢占有利位置、防范对手进攻的首要环节。气排球比赛中，向前和向侧前方的移动最多。因此，身体重心的投影点应落在两脚支撑面的前部或适当超出支撑面，这样更有利于加快向前移动的起动速度。气排球比赛中要求运动者要起动快、移动快，要完成这样的动作必须符合以下几个原理。

（1）起动的力学原理是破坏原有的身体平衡。人体向前抬腿使身体失去平衡而向前倾，起到移动的目的。加之收腹，上体前倾，有利于身体重心前移，从而使蹬地角减小，增大了后蹬的水平分力，达到加速起动的目的。

（2）在起动方向上的稳定角要小。如向前移动时，上体迅速向前倾斜，或提起一只脚，使身体重心垂线远离支撑点。运动者做起动准备姿势时，前稳定角要接近于零度。稳定角的大小，与支撑面成正比，与重心的高低成反比。

（3）支撑反作用力要大。支撑反作用力是练习者蹬地时地面的反作用力，练习者的蹬地力量越大，静止惯性的动力也就越大。起动时的主要用力取决于蹬地腿肌肉爆发式收缩的速度和力量。蹬地腿预先拉长的肌肉爆发力越大，起动速度就越快。

（4）蹬地角要小。在支撑反作用力一定的情况下，蹬地角的大小，决定这个水平分力的大小。重心前移，蹬地角减小，蹬地的水平分力增加。所以，起动时应采用较小的蹬地角，以获得较大的支撑反作用力的水平分力。为了使身体重心迅速前移，有时还可以依靠力的作用。如向左移动，则抬左腿，身体向左倾斜，右腿蹬地起动。

2. 击球

对气排球的击球用力要注意击球动作，不同的动作可以改变球在空中的飞行轨迹和速度。

（1）加速。击球动作的用力特点是加速，击球者通过调整击球用力的大小及手臂对球体作用力时间的长短来控制发球的速度和落点。为了使球体获得更大的动量，增加发球的攻击性，就要加大球体受到的作用力，从而使球出手的速度加快。

（2）作用力。在击球角度固定的情况下，球飞行抛物线受击球时作用力大小的影响。作用力大，球的落点远；作用力小，球的落点近。如发球时仰角固定，击球用力越大，球飞得越远。

（3）旋转球原理。在气排球运动中，运用旋转的原理指导具体实践，对提高气排球技术有很大的促进作用。例如，发球时，使作用力通过球体的上半部，利用手和球皮的摩擦，加之手腕的推压动作，可发出上旋球。同理，作用力通过球体的左半部，就可以发出左侧旋球；作用力通过球体的右半部，就可以发出右侧旋球。由于气排球击球技术的要求，球在飞行中主要是以上旋球或上左侧旋、上右侧旋的形式飞行。

二、气排球运动的心理学一般理论

（一）赛前心理状态分析

竞赛是一种特殊的体育活动形式，体力和心理都处于高度紧张状态。这些对参赛者心理会产生不同程度的影响，使心理状态发生变化。随着比赛期的临近，这种变化和影响日益显著，有时出现在赛前几天或几小时，其表现形式多种多样。根据运动员参赛的实际情况，一般可分为三种心理状态。

1. 振奋积极的状态

这是一种有利于比赛的心理状态。运动员对比赛的目的、任务明确，有强烈的责任感。其表现为：劲头十足，精神饱满，积极性高，注意力集中，渴望发挥自己的力量，坚信自己在比赛中能够获胜或取得好成绩，同时也清楚地了解和评价自己技术上的优、缺点以及在比赛中如何应付各种变化。这种心理状态，使参赛者的生理状态、心理状态都处于高水平，兴奋和抑制处于最佳状态，其兴奋正好达到比赛所需要的程度。他们在即将到来的比赛中，能尽最大的努力完成任务，比赛成绩往往能达到或超过预期水平。这种状态对于参加比赛而言，不会是负担，而是一种快乐的情绪体验。

2. 紧张胆怯的状态

这是一种不利于比赛的心理状态。参赛者对即将到来的比赛表现为忐忑不安，情绪急躁，头脑昏沉且注意力不集中，缺乏战胜对手的信心。生理方面出现呼吸急促、脉搏加快、血压升高、失眠厌食、手或腿发抖、口渴等现象。在比赛中能力下降，动作失常，比赛是在失控的状态下进行的。这种状态一般发生在训练水平较低的参赛者或新手身上。此外还有其他因素，如重大比赛怕输后受领导或教练的训斥；观众与亲友来捧场，过多地考虑比赛的胜负和个人的得失，因而产生心理压力。

3. 盲目自信的状态

这种状态是对即将到来的比赛，困难估计不足或过高地估计自己的力量，盲目自信，相信自己能轻易取胜，掉以轻心，在比赛中未能充分地动员自己的全部力量去克服困难。注意力不集中，注意强度下降，知觉、思维迟钝，虽然情绪是饱满的，但属于消极盲目乐观。其产生的主要原因是指导思想出现偏差，掌握了解的情况不全面，低估了对手的实力，或者是参赛者的自身傲气和目中无人。

（二）参赛者赛前心理训练方法

参赛者的心理训练是一个教育过程，其方法主要是利用言语或文字暗示，通过第二信号系统来调节中枢神经的兴奋性，在比赛前使用，效果甚佳。

1. 放松训练法

包括精神放松和肌肉放松两个方面，两者是相互联系、互相影响的。放松训练可采取两个方法进行。第一种方法是通过精神（心理）放松而导致肌肉的放松，以顺利完成技术动作和解除疲劳；第二种方法是通过肌肉的放松而导致精神（心理）上的放松，以保持良好的心理状态，使参赛者在比赛中获得最佳的运动成绩。采取第一种方法，可以选择一处安静的地方，采用一种舒适的身体姿势，反复默念一个词或短语，排除各种杂念，这样训练 20 分钟，可以使人产生一种非常放松的感觉。采取第二种方法，是从头到脚依次收缩肌肉，保持高度紧张之后，再尽快地放松，这样肌肉就会比平时更放松。在进行放松训练时，一定要与自我暗示相结合，即利用语言对身体机制进行调节，自己对自己说话，发出“命令”，这样可以增加放松的效果，通过放松训练，不仅可使运动员消除赛前身心紧张状态，使其协调自如地参加训练和比赛，而且也是消除训练和比赛疲劳的有效手段。

2. 集中注意力训练法

集中注意力，就是把思想全神贯注地集中到某个事物上，这时，各种与注意焦点无关的事物或杂念会暂时被排除。参赛者在赛前能够高度集中注意力，是获取比赛优异成绩的关键因素。一般情况下，集中注意力的训练，应当安排在掌握放松技术的基础上进行，每次训练前应当让参赛者先放松，使其感到安静、舒适后再施以集中注意力的训练。

3. 想象训练法

想象训练法也叫意念训练法，其目的在于让参赛者在赛前的头脑里进行一次“身临其境”的比赛，在头脑里想象比赛的技术和完成技术动作的典型条件，对产生预期成绩的全部动作技术过程和情绪感受，进行反复的想象、体验和心理反应。通过想象训练可加速提高掌握动作的质量，形成完整动作的准确性。

4. 模拟训练法

模拟训练法，是指将训练与正式比赛在条件相似的环境下进行的一种心理训练方法。通过这种按实践要求进行训练的形式，可以有效地提高参赛者临场比赛的适应能力。模拟训练通常有两种方法：第一种方法是现实模拟，即运动员在比赛形式、比赛对手、比赛时间安排以及气候、场地器材设备等各种因素都与正式比赛相似的情况下进行训练；第二种方法是通过录像、电影、图片、录音、语言等手段进行模拟训练。通过模拟训练可以增强参赛者参加比赛的信心与斗志，以及改善运动员的自我控制能力等。

三、气排球运动活动的保健知识

运动中自我运动保健的典型案例及分析：

（一）针对在学习过程中不重视准备活动的状况，进行运动保健知识的教育与运动损伤预防的引导

在学习中，由于气排球活动不太剧烈，因此练习者经常不太重视准备活动。学习的开始，练习者往往直接进入技术的练

习中，或进行比较激烈的活动。这是气排球练习中的一个不好的习惯。应当有目的地加以引导，充分认识不做准备活动的危害，提供准备活动的方法。

1. 分析问题

不重视准备活动是练习者的习惯问题，更是思想问题，练习者没有了解运动准备活动的必要性，没有看到由此带来的危害。

2. 解决方案

（1）要告诉练习者为什么要进行准备活动的原理，气排球练习也是有一定的活动量的，对身体的运动系统、心血管系统、神经系统等均有影响，不做准备活动对这些系统将产生不利影响。

（2）准备活动要循序渐进，要做由简到繁的动作。一般可以做一些慢跑、徒手操等准备活动。

（二）针对在学习过程中出现踝关节扭伤的情况，进行运动保健知识的教育与运动损伤预防的引导

在学习过程中，随着扣球与拦网技术教学的进行，练习者有时出现脚踩球或脚踩脚的现象，表现为踝关节扭伤。这是气排球学习过程中可能会产生的比较严重的运动损伤事件。

1. 分析问题

产生踝关节扭伤的生理原因是：踝关节在脚踩球或脚踩脚时严重弯曲导致皮下毛细血管出血、肌肉或肌腱等身体组织损伤，这是正常的身体应激反应的生理现象，是每个人都会产生的生理反应。

2. 解决方案

（1）练习者要高度重视。在练习过程中，在损伤发生前，以预防为主，在练习中始终贯穿预防为主的指导思想。教育练

习者在学习的过程中要遵守学习纪律与要求。在进行扣球与拦网对抗练习时，要学会判断，如果球贴近网时，要注意不要前冲，预防踩到同伴的脚发生损伤。

（2）在损伤发生后应当及时处理，使损伤处减少到最小，并且能够尽快康复。发生损伤后的及时正确处理方法是：冲凉水或冰块冷敷，减少损伤的血管出血；在损伤后，要进行必要的检查，如X光检查等，排除损伤部位骨质及肌肉组织的严重伤害；在排除损伤部位骨质及肌肉组织的严重伤害后，可以在损伤发生24小时后进行按摩理疗等治疗方法，促进损伤部位的血液流通，保证肌体组织的营养供应，使患处尽快恢复。

（3）有目的地加以引导，告诉练习者产生损伤的原因，消除练习者的不良情绪与表现，尽快地回到正常的学习中去，要告诉练习者产生损伤的原理，明确这种现象随着时间与治疗的深入，以及肌体的自我修复功能，将会很快康复。

第二章　气排球技术

第一节　气排球技术的概述

一、气排球技术的概念

气排球技术是指在规则允许的条件下，运动员采用各种合理的击球动作和相互配合所做动作的总称，它是气排球运动的基础和重要组成部分。气排球技术主要由步法和手法两部分组成。步法是指快速灵活的脚步移动和助跑起跳的动作方法。手法是指击球时手指、手腕、手臂用力和控球的动作方法。室内六人排球的各种技术动作大都可适用于气排球，但由于气排球球体体积较大，击球面大、球体重量轻等特点，导致球在运动中受气流的影响，易产生“晃动”“下沉”和“变线”的现象，与六人制的球有区别。于是，运动员在长期的运动中创造出“捧”“抱”“托”等具有特色的技术动作，很好地解决了这一系列问题。

二、气排球技术的分类

（一）气排球技术的总体分类

气排球技术总体分为无球技术和有球技术。无球技术包括准备姿势与移动，有球技术包括发球、接球、传球、扣球、拦网等（见图2－1－1）。

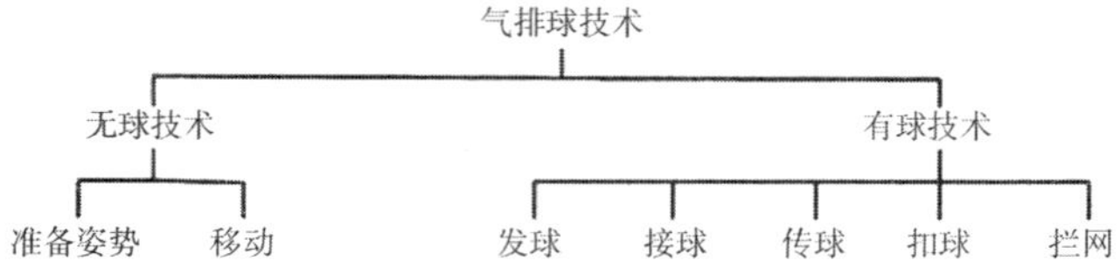

图2－1－1　气排球技术分类

（二）气排球有球技术的分类

1. 发球

按动作方法可分为正面下手发球、侧面下手发球、正面上手大力发球、正面上手飘球、勾手大力发球、跳发大力球和跳发飘球，按性能可分为大力旋转发球、飘球和轻发球。

2. 接球

按动作方法分，有双手插托球、抱球、捧球、单手托球、正面双手垫球、背向双手垫球；按接球轻重分，有双手插托球、抱球、捧球、单手托球等接轻球技术，双手插托球、抱球、正面双手垫球等接重球技术。

3. 传球

按动作分，可分为双手传球、双手插托传球、单手传球；按传球方向分，可分为正面传球、侧面传球、背面传球；按有无支撑分，可分为原地传球和跳传球。

4. 扣球

按动作方法分为正面扣球、勾手扣球，按区域分为后排左扣球、后排右扣球、后排中扣球，按起跳动作分为原地起跳扣球、双脚助跑起跳扣球、单脚起跳扣球和冲跳扣球。

5. 拦网

按参与人数分为单人拦网、双人拦网和三人拦网，按运用与变化分为原地拦网、移动拦网、拦高球、拦低球和拦拉开球等。

第二节　准备姿势与移动

一、准备姿势的动作分析

人体在起动、移动和击球前所采用的合理的身体姿势，称为准备姿势。合理的准备姿势是指既要使身体重心处于相对稳定的状态，又要便于移动和完成多项击球动作，为迅速起动、快速移动及击球创造最好的动作。依据比赛中（或练习中）完成各项技术动作的需要，按身体重心的高低，准备姿势可分为稍蹲准备姿势、半蹲准备姿势和深蹲准备姿势。

（一）稍蹲准备姿势

1. 动作方法

两脚左右开立，与肩同宽，一脚在前，两膝微屈，身体重心位于两脚之间，且稍靠近前脚，后脚跟稍提起，上体稍前倾，两臂放松，自然弯曲置于体前。两眼注视球并兼顾场上各种情况，两脚保持微动状态。如图 2－2－1 所示。

2. 技术分析

稍蹲准备姿势身体重心比半蹲、深蹲准备姿势高，便于进行距离较长的移动而不便于接低球。双手比其他准备姿势靠近身体，以便于快速移动。两膝不宜过多弯曲，上体前倾亦不要太大，注意省力。

3. 动作要领

脚开立，膝稍屈，脚跟离地，重心偏前。体前倾，臂弯曲，眼视来球，人处于微动状态。

图 2－2－1 稍蹲准备姿势

（二）半蹲准备姿势

1. 动作方法

两脚开立，稍比肩宽，两膝弯曲呈半蹲。脚跟自然提起，上体稍前倾，两臂放松，自然弯曲置于腹前。身体适当放松，两眼注视来球，两脚始终保持微动。如图 2－2－2 所示。

图 2－2－2 半蹲准备姿势

2. 技术分析

半蹲准备姿势，膝部的垂直影线应在脚尖前面，身体重心稍前倾，有利于向前和斜前快速移动、移步和倒地救球。

3. 动作要领

重心低于稍蹲，膝部超过脚尖，精力高度集中，身体适当放松，双脚保持微动。

（三）深蹲准备姿势

1. 动作方法

两脚左右、前后开立的距离比半蹲准备姿势更宽一些，两膝弯曲的程度更大一些，身体重心更低、更靠前，膝部的垂直线超过脚尖，两手臂置于胸腹之间。如图 2 –2 –3 所示。

图 2 –2 –3 深蹲准备姿势

2. 技术分析

由于在场上防守位置的不同，在保护球时要求上体基本直立，重心平稳，便于观察和快速伸臂靠近落点。

二、移动的动作分析

移动是练习者从起动到制动之间的位移和动作，其完整过程包括起动、移动、制动三个环节。起动是移动的开始，它是在准备姿势基础上交换身体重心的位置，破坏准备姿势的平衡，使身体便于向某一方向移动步法；移动则是在起动的基础上，利用脚步动作来改变运动员在场上的位置，完成技术动作和战术配合的行动；制动是移动的结束，要及时克服身体的惯性冲力，保持好击球前的身体姿势。移动的目的是为了及时接近球，保持好人与球的位置关系以便击球，同时也是为了迅速占据场上有利位置。

（一）起动

起动是指从静止到移动发力动作的过程，起动的快慢是移动的关键，起动的速度取决于反应能力和腰腿部的速度力量。

1. 起动的作用

起动是移动的开始，是在准备姿势的基础上变换身体重心的位置，使身体向目标方向移动。进攻中，快速启动可加快进攻节奏，提高进攻效果；防守时，快速启动是保持或抢占有利位置、防止对手进攻的首要环节。

2. 动作方法

以向前起动为例，在正确准备姿势的基础上，迅速抬起前腿，收腹，使上体向前探出，同时后腿迅速用力蹬地，使整个身体急速向前发动。

（二）移动

1. 移动方法

首先，两眼注视球，思想高度集中，做好正确准备姿势，根据来球的不同方向、速度、弧度和落点，作出正确判断。如接发球时对发球的判断，扣球时对二传传球的判断，拦网者对对方进攻行动（吊或扣）的判断。其次，及时起动。起动快慢是移动的关键。在正确准备姿势的基础上，两脚大拇指内侧发力，迅速蹬地，并快速水平移动，使整个身体向前起动。最后，采用合理的移动步幅、步频和步法，找到人与球的合理位置，使身体接近球，并用手将球击向预定目标。移动时一定要先动脚，要防止只伸手、不动脚，要主动找球，不等不靠。

2. 移动步法

起动后，应根据临场技、战术的需要，灵活地采用多种步法进行移动。移动的主要步法和动作方法如下。

（1）并步。两脚前后站立，与肩同宽；两膝微屈，上体稍前倾，两手自然放松置于腰腹。并步时，前脚向来球方向跨出一步，后脚迅速蹬地跟上，并做好击球前的姿势。并步的特点是容易保持身体平衡，便于做击球动作。并步可向前、后、左、右各方向移动，适用于短距离移动。

（2）交叉步。两脚左右开立，向右侧交叉步移动时上体向右转，左脚从右脚前向右交叉迈出一步，然后右脚再向右侧方向跨出一大步，同时重心移至右脚，身体转向来球方向，保持击球前的姿势。交叉步的特点是步子大，动作快，便于制动。见图 2－2－4。

图 2－2－4　交叉步移动

（3）跨步。跨步时，一脚用力蹬地，另一脚向来球方跨出一大步，上体前倾，身体重心移至前脚上，后腿随重心前移自然跟上，两臂做好迎球动作。跨步的特点：跨距大，便于向前方或向斜前方降低重心进行低点击球。如图 2－2－5 所示。

图 2－2－5　跨步移动

（4）后退步。移动时，视来球情况，身体保持适宜的准备姿势，两脚交替快速向后退步，注意保持好重心。

（5）跑步。跑步时一脚蹬地起动，另一脚迅速向前迈出，两脚交替进行，两臂配合摆动，不要过早做击球动作的准备，以免影响跑步速度。球在侧方或后方时，应边转身观察球边跑。

（三）制动

由快速移动转变为突停状态的过程称为制动。制动是移动的结束，也是击球动作的开始。制动的方法有一步制动法和两步制动法。

1. 一步制动法

一步制动时，在移动的最后跨出一大步，降低身体重心，膝部和脚尖适当内转，全脚掌横向蹬地，以抵住身体重心继续的惯性力。同时以腰腹力量控制上体，使身体重心的垂直线停落在脚的支撑面以内。

2. 两步制动法

制动时，以倒数第二步开始做第一次制动，紧接着跨出最后一步做第二次制动，同时身体后倾，两膝弯曲，重心下降，两脚用力蹬地，使身体处于有利于做下一个动作的状态。

三、准备姿势与移动步法的运用

（一）准备姿势的运用

1. 稍蹲准备姿势的运用

一般用于当对方正在组织进攻时的判断，或球虽在本方但离自己较近、不需要长距离移动击球时，以及在进行二传、扣球和接速度较慢、弧度较高的发球、处理球时可运用稍蹲准备姿势。

2. 半蹲准备姿势的运用

半蹲准备姿势是气排球比赛中最基本的准备姿势，在接发球时运用最多，在防守、拦网时也常运用。目的是在防较低的来球时能迅速起动和短距离快速移动。

3. 深蹲准备姿势的运用

深蹲准备姿势主要运用于接球速度快的大力发球、防大力发球、防大力扣球与保护扣球（接拦回球），在接远的球和衔接各种倒地动作的接球时也要求采用深蹲准备姿势，以扩大防守范围。

（二）移动步法的运用

1. 并步的运用

主要用于近距离的移动，如抱球、传球、垫球、拦网等技术。同时，经常与跨步或其他倒地击球技术结合使用。

2. 交叉步的运用

主要用于接体侧 2 ~ 3 米的来球，或二传手和拦网者在网前移动及防守两侧来球时运用。

3. 跨步的运用

主要用于接弧度低、速度快、距离身体 1 米左右的球，可以单独使用，也可与滑步、交叉步、跑步的最后一步结合运用。

4. 后退步的运用

当人在前场或中场时，发现对方来球要飞至后场区时采用。注意身体重心的控制，不要后倒过多。

5. 跑步的运用

一般在球较远，运用以上移动方法不能接近来球时采用。跑步移动速度快，便于随时改变方向，经常与交叉步、跨步等结合起来运用。如侧跑步时，常采用交叉步转身的方法来起动，在接近球时，又常用跨步、倒地和各种跳跃动作来制动使之完成击球动作。

第三节　发　球

队员在发球区内，用手或手臂将自己抛起的球直接击入对方场区的技术动作称为发球。

发球是比赛的开始，也是进攻的开始。比赛开局的第一个球就是发球，开局的好坏，对于取得比赛胜利有至关重要的作用。发球应有威力、攻击性强。发球的指导思想：一是先发制人，争取主动，直接得分；二是破坏对方一传，打乱战术意图，造成对方进攻困难，增加其心理压力；三是增强本方队员自信，减轻本方防守压力，为反攻创造条件。

发球时可运用正面、侧面、上手、下手、勾手等方法，采用原地或助跑起跳发球。无论采用哪种发球，都必须做到以下三点：一是平稳抛球。以单手或双手将球平稳抛起，每次抛球的高度、距离和落点都要固定。二是击球要准。击球时，要以正确的击球动作击中球体的相应部位，使用力方向与发球方向一致。三是手法要正确。击球的手法不同，发出球的性能有所不同。

一、发球技术的种类

气排球发球技术种类较多，根据动作结构大体可分为8种：正面下手发球、侧面下手发球、正面上手大力发球、正面上手发飘球、正面上手侧旋发球、勾手大力发球、跳发球、发高吊球。其中正面上手大力发球、正面上手侧旋发球、勾手大力发球、跳发球是目前中青年气排球运动爱好者运用最多的发球方法。正面下手发球和侧面下手发球是初级技术，适合于初学者、少年儿童和老年人。

二、发球技术的动作方法与技术分析

（一）正面下手发球

正面下手发球是指发球队员面对球网，手臂由后下方向前摆动，在体前腹部高度击球过网的一种发球方法。其特点是动作简单，容易掌握，准确性大，但球速慢，攻击性不强，适合于初学者及中老年女性。

1. 动作方法（见图2－3－1）

（1）准备姿势。面对球网，两脚前后开立，左脚在前，

图2－3－1　正面下手发球

两膝弯曲，上体前倾，左手持球于腹前。

（2）抛球。左手将球轻轻抛在身体右侧前方，球离手约30厘米高度，同时右臂伸直，以肩为轴向后摆。

（3）击球。右脚蹬地，身体重心随着右臂由后向前摆动而前移，在腹前以全手掌击球后下部。击球后，随击球动作重心前移，迅速进场比赛。

2. 技术分析

（1）击球手臂应以肩为轴向后摆动，再以肩为轴直臂向前摆动，在击球前手臂不应有屈肘动作，这样有利于加快挥臂速度、控制击球出手角度和路线，并加强准确性和攻击性。

（2）手触球时，五指张开或拇指张开、其他四指并拢呈勺形，手指、手腕要适当紧张，以全掌击球后下部。

3. 动作要领

左手抛球低出手，右臂摆动肩为轴，击球刹那肘不屈，掌根部位击准球。

（二）侧面下手发球

侧面下手发球，借助了转体力量来击球，便于用力，适合初学者、少年儿童及中老年女性。发球失误少，但攻击性不强。

1. 动作方法（见图2－3－2）

（1）准备姿势。左肩对网，两脚左右开立，约与肩同宽，两膝微屈，上体稍前倾，重心落在两脚之间，左手持球置于腹前。

图2－3－2　侧面下手发球

（2）抛球。左手将球平稳上抛于胸前，距身体约一臂远，球离手高度约一个半球。抛球的同时，右臂摆置右侧后下方。

（3）挥臂击球。利用右脚蹬地向左转体的力量，带动右臂向前上方摆动，手指手腕适当紧张，五指张开或拇指张开、其他四指并拢呈勺形，以全掌击球，在腹前击球后下方。击球后，身体转向球网，并顺势进场。

2. 技术分析

（1）利用蹬地转体运动带动手臂挥摆，可增加发球的力量，击球手臂应由体侧右下方向斜前上方挥动。

（2）击球点不应超过肩的高度，并注意控制击球出手的角度和路线，球出手时仰角大，球飞行就高；仰角太小，则不易过网。

（3）击球手法是全手掌、掌根或虎口处击球的后下部。

3. 动作要领

腹前低抛球，转体带摆臂，击球后下部，控制球线路。

（三）正面上手发球

正面上手发球是指发球队员面对球网站立，利用收腹转体动作带动手臂加速向前鞭打，在体前右肩上方用全手掌击球过网的发球方法。这种发球击球点高，可以充分利用胸腹和上肢的爆发力，加之运用手掌的推压动作使球呈上旋飞行，不易出界，因此它具有较大的攻击性和准确性。目前在高水平青年男队中广泛使用。

1. 动作方法（见图 2－3－3）

图 2－3－3　正面上手发球

（1）准备姿势。面对球网，两脚自然开立，左脚在前，左手托球于体前，重心落在后脚上。

（2）抛球与引臂。左手将球平稳地抛于右肩的前上方约一臂高度，同时右臂抬起，屈肘后引，肘与肩平，上体稍向右侧转动，抬头、挺胸、展腹，手掌自然张开。

（3）挥臂击球。利用蹬地使上体向左前转动，同时收腹，带动手臂向前上方快速挥动。在右肩前上方伸直手臂的最高点处，用全掌击球的后中下部。击球时，手指和手掌要张开与球吻合，手腕要迅速做推压动作，使击出的球呈上旋飞行。击球后，随着重心前移，迅速入场。

2. 技术分析

（1）准备姿势和发球的取位。准备姿势应把左脚置前，这样便于引臂和身体自然右转。发球的取位应根据对方接发球布阵情况和攻击目标以及发球队员自身的特点来选定，在端线后 6 米宽的区域内均可。

（2）抛球与引臂。抛球应以手臂上抬、手掌平托上送的动作将球抛在身前 30 厘米处，球离手约 1 米左右高度为宜。球一定要平稳上抛，不要屈腕，以免球体旋转和偏离上抛垂直线，造成击球不准。抛球过前，会造成手臂推球而不易过网；抛球过后，不能充分发挥转体收腹力量；抛球过高，不易掌握动作节奏和击球时机；抛球过低，不能充分发挥击球的力量和提高击球点。右臂后引时，应有屈肘上抬的动作，要充分拉长胸腹和肩关节前侧的肌肉，便于增加工作距离和击球力量。

（3）挥臂击球。挥臂肘，发力是从两足蹬地开始，上体迅速向左侧旋转，同时收腹，以腰胸带动肩、肩带动大臂，大臂带动前臂、前臂带动手腕，最后将力量传送到手上。击球时，前臂和手腕动作要稳定，不要左右转动。手腕推压动作的大小，应根据击球点的位置进行调整，击球点离身体近时，手腕向前推压的动作要稍大；击球点偏前或较近时，手腕向前推压动作要稍小，以免击球出界或入网。

3. 动作要领

抛球稳，击球准，手法正确，用力恰当。

（四）正面上手发飘球

正面上手发飘球是指采用近似正面上手发球的形式，击球力量通过球体重心，使发出的球不旋转、不规则地飘晃飞行的一种发球方法。这种球使对方接球队员难以判断其飞行路线和落点。由于发球队员是面对球网站立，便于观察情况和瞄准目标，所以攻击性和准确性较高，目前在各类水平的比赛中被男女队员尤其是女队员广泛采用。

1. 动作方法（见图 2－3－4）

图 2－3－4　正面上手发飘球

（1）准备姿势。面对球网，两脚自然前后开立，左脚稍前半步，右脚在后，重心在后脚上，左手持球在胸前。

（2）抛球与引臂。左手将球平稳地抛在右额前上方，高度以略高于击球点为宜。在抛球的同时，右臂上举后引，肘部适当弯曲，并高于肩，两眼盯住球的击球部位。

（3）挥臂击球。手臂后引与肩齐平时，由后上方向前平击，手臂的挥动轨迹不呈弧形，而是自后向前做直线运动。击球时，五指并拢，手腕稍后仰，用掌根的坚实平面击球的中下部，挥臂动作小而快速，使作用力通过球体重心。击球面积要小，动作幅度小，力量集中。触球瞬间，手指、手腕要紧张，发力突然、快速、短促，手臂要突停，手腕不加推压动作。

2. 技术分析

（1）为了击准球，抛球要平稳且不宜过高。抛球时，左手应将球向上托送一段距离，抛球高度以略高于击球点为宜。

（2）发球仰角的大小，应根据队员身体的高矮来变化。身体高、力量大、爆发力强的队员，发球的仰角应小些；反之，仰角应大些。

（3）发飘球的用力，主要靠挥臂动作。动作幅度可小一些，但发力要突然、快速、短促。如果发远距离飘球，动作幅度可相应加大，以获得较大的初速度。击球时，触及面积小，力量要集中、短促，手腕不能前屈或左右晃动。

（4）为了升高击球点，提高攻击性，可采用跳起发飘球。这种发球不需要全力起跳，当球抛至最高点时，队员也应及时跳至最高点击球。击球时，挥臂动作小而快速，使作用力通过球体重心，使球不旋转地向前飞行。

3. 动作要领

抛球稍低略靠前，挥臂轨迹呈直线，掌根击球穿重心，击后突停腕不屈。

（五）正面上手侧旋发球

正面上手侧旋发球不同于正面上手发球的形式，击球时不能使击球作用力通过球体重心，而是击打球体的某一侧，使发出的球产生侧旋飞行。弧旋球的曲线受纵向漂移量、球的初速度、旋转速度、空气速度、空气阻力系数等诸多因素的影响，落点难以判断，同时击球部位和击球力量的不同，也会造成球的旋转方向、飞行路线和落点的不同。

侧旋转球分左旋和右旋两种。以右手发右旋转球为例作如下分析。

1. 动作方法

（1）准备姿势。面对球网，两脚自然开立，左脚在前，左手托球于体前。

（2）抛球与引臂。左手将球平稳地抛于右肩的前上方，高度适中，同时右臂抬起，屈肘后引，肘与肩平，上体稍向右侧转动，抬头、提胸、展腹、手掌自然张开。

（3）挥臂击球。利用蹬地使上体向左前转动，同时收腹，带动手臂向球网的右前上方快速挥动，用全掌击球的右侧。击球时，手指和手掌要张开与球吻合，手腕要迅速做推压动作，使击出的球呈侧旋飞行。击球后，随着重心前移，迅速入场。

2. 技术分析

（1）准备姿势和发球的取位。准备姿势应把左脚置前，这样便于引臂和身体自然右转。发球的取位应根据对方接发球布阵情况和攻击目标以及发球队员自身的特点来选定。发球者站在 6 米发球区内的不同位置，身体面向不同的方向，可变化发球路线、发球速度，使发球的落点呈多点分布。

（2）抛球与引臂。抛球应以手臂上抬、手掌平托上送的动作将球抛至右肩上方约 1 米的高度。球一定要平稳上抛，不要屈腕，以免球体旋转和偏离上抛垂直线，造成击球不准。与此同时，右臂顺势后引上抬起，充分拉长胸腹和肩关节前侧的肌肉。

（3）挥臂击球。挥臂肘，发球是从两足蹬地开始，上体迅速向左侧旋转，其旋转幅度大于正面上手发球。同时收腹，以腰胸带动肩、肩带动大臂、大臂带动前臂、前臂带动手腕，最后将力量传送到手上。击球时，手腕要瞬间向内转动，用全手掌快速、猛烈地切击球的右侧，同时手腕、手臂随着球的旋转方向向左加力、伴送，作用力从球体重心偏右的方向通过，使球体向左旋转，球向左前方弧线飞行。

击球时，手掌切腕动作的大小，应根据击球点的位置进行调整，击球点高或离身体近时，切腕动作要稍大；击球点偏前或较低时，切腕动作要稍小，以免击球出界或入网。同时击球点和力量的旋转应根据发球人的站位和球的落点来决定。一般来说，发左侧旋转球时，站发球区右侧，击球点于球体重心右侧 1/3 处。击球挥臂出手方位面向球网方向右转 30°，用中等力量击球实效性较高。

3. 动作要领

正确采取发球位，平稳抛球不屈腕，全手切击球侧位，合理控制点和力。

（六）勾手大力发球

勾手大力发球能充分利用转体收腹力量带动手臂猛烈挥动来击球，发出的球速度快、力量大、弧线平而低、旋转强、下落快，容易造成对方接发球困难，在心理上给对方造成较大压力，攻击性较强。在中老年男性球员中使用广泛，部分女性球员也有一定运用。

1. 动作方法

（1）准备姿势。左肩对网，两脚自然开立，与肩同宽。两膝微屈，上体前倾，重心落在两脚之间偏右脚上，双手或左手持球于胸腹前。

（2）抛球与摆臂。平稳垂直地将球抛至左前上方约 60 厘米处，抛球的同时，右腿弯曲，重心移至右脚，上体向右侧转动和倾斜，同时右臂向右后侧摆动，抬头看球。

（3）挥臂击球。随着右脚用力蹬地，挺胸转体，带动手臂沿弧形轨迹迅速向上挥动，在左肩前上方击球。击球时要看准球，迅速收胸、收腹、转体，身体重心移至左脚上，击球的手臂要伸直，以提高击球点。击球手自然张开呈勺形，以全手掌击球的后中下部。击球一瞬间，手腕、手掌要做迅速明显向前推压动作，使球呈上旋飞行。击球后，迅速进场比赛。击球点太靠前，球不会过网，击球点太靠后，球会飞出对方场外，应击球的后中下部。

2. 技术分析

（1）勾手大力发球时应将球平稳地抛至左肩前上方，高度适中，约 60 厘米。抛球不宜偏后，以免影响发力。在左手抛球的同时，右臂放松地向体侧后下方摆动，身体重心稍向后移。

（2）挥臂击球时手臂挥动轨迹呈弧线运动，击球瞬间手指和手掌要张开与球体吻合，同时手腕要迅速做推压动作，使用全身最大爆发力去击球。

3. 动作要领

平稳垂直上抛球，重心移至右脚上，蹬地挺转带动手臂，全掌击球后中下，手腕迅速加推压。

（七）跳发大力球

跳发大力球是指发球队员在端线后，利用助跑跳起在空中，像扣球似的将球击入对方场区的一种发球方法。跳发球时由于队员跳起在空中，身体能充分展开并向前移动，不仅可以升高击球点，而且缩短了击球点与球网的距离，从而增强发球的力量和攻击性。但与其他发球技术相比，跳发球的技术难度和体力消耗较大。这是在中青年男队和高水平女队中经常采用的攻击性强、威胁性较大的一种发球技术。跳发球的动作同远网扣球相似，它可运用一步、两步或多步助跑的方法，也可正对网助跑或斜对网助跑。

1. 动作方法（见图 2－3－5）

图 2－3－5　跳发大力球

（1）准备姿势。队员面对球网，站在离端线 2～4 米处，以右手或双手持球置于体侧或腹前。

（2）抛球。用右手或双手将球抛至右肩前上方，抛球高度一般为肩上方 1 米左右，落点在端线附近。

（3）助跑起跳。随着抛球动作，队员迅即向前做 1 步或 2～3 步助跑起跳。起跳时，两臂要协调而积极地摆动，幅度要大。

（4）空中姿势。起跳后挺胸展腹，身体呈反弓形，右臂屈肘，向后引臂，五指自然张开呈勺形，手腕要放松。

（5）空中击球。击球时利用收腹带动手臂向前上方挥动，以全手掌包住球，击球的后中部，手腕要向前推压，使球上旋飞行。

（6）落地。击球后，尽量使双脚同时落地，两膝顺势弯曲缓冲，迅速入场。

2. 技术分析

（1）抛球。抛球是发好跳发球的基础。抛球时以手托球，由下向击球手臂的前上方抛出，在球离手时，手掌、手指给球体以撩拨动作，其用力方向从球体重心的后下方通过，使球在向前上方抛起的同时产生上旋。抛球的高度和距离应根据队员的具体情况而定，个子高、冲跳能力强的队员，可将球抛得高一点，离身体远一点，这样更可以发挥队员点高力大的优势。一般宜用击球手臂单手抛球，这样有利于助跑动作的协调配合。

（2）助跑。助跑是为起跳和击球做准备，也是为了获得较大的水平速度。采用一步助跑，可有效地选择合理的起跳时机，提高选手对所抛出球落点等方面的判断能力。采用二步三步助跑，由于助跑距离增加，有助于提高助跑速度和向前冲跳。

（3）起跳。起跳步法分为并步法和跨步法。并步法适应性强，能调整起跳时间，现在大多数球员都采用此种起跳方法。根据并步距离、双脚起跳时间，又表现为垂直起跳和前冲起跳。采用前冲起跳方式起跳，比两脚平行式并步起跳更适合跳发球向前冲跳的特点；有利于身体重心位置前移并增加身体重心的初速度，同时也使身体处于向前起跳的良好姿势；能进一步提高人体重心腾起速度和高度，也有利于观察抛球的高度和落脚点，选择合理的起跳时机。起跳并步时，在左足尖内扣的制动和前脚掌首先着地的同时，加速向上摆臂，有助于保持一定的前冲和提高起跳速度。

（4）空中击球。大力发球的空中击球动作同远网扣球相似，身体展开幅度应更大些，击打球的同时手腕加速推压，合掌包球动作也应更充分些。击球作用力不完全通过球体重心，使球经过手臂有力击打，加快上旋球的飞行速度，并使上旋球的落点比非上旋球的落点离网更近，提高发球攻击性，能更好地发挥击球力量，又不致使球不过网或飞出界外。

3. 动作要领

抛球前上助跑跟，双臂摆动两脚蹬，起跳身体成反弓，空中击球掌包压。

第四节　接球技术

用双手、单手或身体的任何部位将对方的来球击起的动作叫接球。接球是气排球的主要技术之一，在气排球活动与比赛中占有重要地位。这项技术通常用于接发球、接扣球、接拦回球中，也可以用于组织进攻。

气排球由于球的体积大、重量较轻，球在空中飞行的速度较慢，特别容易受到气流的影响，重心点极其不稳定，只有通过加大击球面积克服球的稳定性差的状况。在长期的实践过程中，气排球运动者们发明产生了不同于硬排的“插托”“抱”“捧”等技术动作，有效地解决了防守击球时球体稳定性的问题。

一、接球技术的种类

接球技术主要有双手插托击球、抱球、捧球、单手托球、正面双手垫球、体侧双手垫球、背向双手垫球以及其他辅助击球技术。

二、接球技术的动作分析

（一）双手插托击球

双手插托击球是指面对来球，在胸腹前的左（右）侧或中部托送的一种击球动作。它的明显特征是：一手掌心朝上，五指朝前，另一只手掌心朝前，五指朝侧，两手在球的后下方形成一个与球向吻合的弧形。用于接发球和接各种攻击过网的球，它是气排球中特有的一项技术动作。

1. 动作方法（见图2-4-1）

图2-4-1　双手插托击球

（1）准备姿势。根据来球的方向、速度、弧度和落点，采用不同的准备姿势。

（2）迎球动作。

①左托球：球从左边来，右脚内侧蹬地，左脚向左跨出一

步，重心移至左脚上，左膝弯曲。上身稍向左倾斜，左肩略低于右肩；左手五指张开，掌心向前，迅速将手插到球的下部，手掌呈勺形，手指指根触球的下部承受球的重量，同时右手五指张开，在来球的后上方顶压着球体并掌握球的方向，也称为护球。

②中托球：球从中部来，即为追胸球，左手或右手在上，另一只手在下，两肘关节适当内收，两手呈勺形，以确保将球托送到位。

③右托球：与左托球动作相同，手脚动作方向相反。

（3）击球动作。在正确迎球手型基础上，当手和球接触瞬间，手腕和手指要有顺势后下展的缓冲动作。击球时，托球手的手掌、手指给球体以擦拨动作，手掌、手指的擦拨用力从球体重心的后下方通过，使球在向前上方送起的同时产生上旋。护在球后上方的手顶护住球的重力与方向，利用上下产生的合力将球传出。

2. 技术分析

（1）准备姿势的运用要根据不同情况而有多变化。接一般的轻球或处理过来的球，身体重心可稍高，采用稍蹲准备姿势。接重发球、重扣球和吊球时，应采用半蹲或深蹲准备姿势，重心适当降低，便于接好球。

（2）托球的击球点位置应使托球手保持大小臂自然弯曲于体侧为宜，尽量保持在腰腹高度，控制好球与身体的适当距离，充分保证手臂运动的幅度和角度，将球送向预定目标。总体而言，接好球，采用何种姿势接球，应根据来球的力量、速度、角度和高度而定。要求在不影响起动的前提下，适当降低重心，有利于快速插入球下接起低球。在接左托球或右托球时，两个肘关节与前臂呈一字形。

3. 动作要领

判断清，对准球，下插托，上顶包，手球相吻，托护相应，双手合力，抬送出球。

（二）抱球

抱球技术是指球员将离身体较远的正面来球或低球接起的技术动作。抱球技术有两种动作：一是双手掌相对，大拇指朝上的对掌抱球；二是两手指相对，大拇指朝前的对指抱球。对指抱球的特征是：两手指相对，掌心朝上，大拇指朝前，手腕略处紧张状态，形成一个与气排球大小相吻合的弧形。

1. 动作方法（见图2－4－2）

图2－4－2 抱球

（1）准备姿势。面对来球，两脚开立，与肩同宽；根据来球的速度和力量，呈半蹲或稍蹲姿势站立。

（2）迎球动作。

①对掌抱球：当来球距离体前较远时，两肘伸直，手腕自然下垂，五指自然张开，两手掌相对，大拇指朝上，距离大于两小指的距离，左右手掌斜相对，形成一个与气排球大小相吻的弧形，以便抱住球的两侧。

②对指抱球：当来球接近体前时，两肘弯曲，肘关节向外伸展，上臂与前臂夹角大于90°，手腕处于略紧张状态，两手

掌心朝上，十指相对自然张开；大拇指朝前，呈弧形，以便抱住球的两侧。

（3）击球动作。

①对掌抱球：手和球接触瞬间，以指根带动指尖击球的两边后下部，食指、中指、无名指三指受力为主，双手大拇指在球的两侧上部，小手指托在球的底部。用抬臂抖腕的力量将球抱出，击球点在腰腹附近。

②对指抱球：双手指相对，托抱于球的底部，击球瞬间以手指和手腕的抖动、弹拨及抬臂的力量将球抱出。击球点在胸腰之间。

2. 技术分析

（1）当来球时，双手要向来球的方向伸出；当手和球即将接触时，有顺势迎球的动作，且两手型呈一个弧底形。

（2）击球瞬间，两手托住来球的后下部或底部，靠手腕的抖动、手指的弹拨、抬臂动作以及全身的协调发力将球抱出。

3. 动作要领

对掌手指插球下，手球相吻拇指朝上，抬臂抖腕抱球，对指手指托球底。

（三）捧球

捧球是指队员用双手在腹前将离身体较远的来球或追身球用双手将球捧起的技术动作。其明显的动作特征是：双手掌心朝上，十指微张，形成一个弧形。捧球主要是处理速度较快的追身球、大力球和低远球。

1. 动作方法

（1）准备姿势。面对来球，两脚开立，与肩同宽；根据来球的速度和力量，呈半蹲或全蹲姿势站立；两肘弯曲，上臂与前臂夹角为90°左右，分别位于腰部两侧。

（2）迎球动作。来球时，双手掌心向上，十指微张，朝前呈弧形；手指、手腕与前臂基本形成一个平面。

（3）击球动作。双手型呈一个弧形，以全手掌触击球的下部。双手捧球击球时，上臂夹紧身体，手指、手腕与前臂在一个平面上，靠抖腕、手指弹力和前臂上托的瞬间发力动作将球击出，其动作幅度较小。

2. 技术分析

（1）准备姿势。应采用半蹲或深蹲准备姿势，要求在不影响快速起动的前提下，重心适当降低，这样有利于快速插入球下。

（2）击球瞬间，两掌心插到球后下部捧住来球，上臂要夹紧身体，手指、手腕与前臂要保持一定的紧张度，靠前臂、手腕、手指力量击出来球，击出点一般在身体腹部前下方。

3. 动作要领

两臂前伸插球下，双手掌心面朝上，腕指前臂适度紧，腕抖指弹瞬间力，抬臂缓冲往上送。

（四）正面双手垫球

除用手指弹击动作外的身体任何部分击球的动作称为垫球。垫球是气排球的基本接球技术之一，可用手、臂、头、肩、大腿、脚背、脚弓及其他身体任何部位来完成，相比其他技术种类更加多样，实用性、应变性更强，控制范围大，便于接各种困难球，其中最常用的是前臂垫球。在比赛中用于接发球、接扣球、接拦回球以及防守和处理各种困难球。有时还可用垫球来组织进攻，以弥补二传球不足，辅助进攻。

1. 动作方法（见图2－4－3）

（1）准备姿势。面对来球，呈半蹲或稍蹲姿势站立。

图 2－4－3　正面双手垫球

（2）垫击球手型。常用手型有叠指式、抱拳式和互靠式。其中叠指式最为稳定，可用来接各种力量的球，所以运用非常普遍。方法是：两手掌根相靠，两手手指重叠，手掌互握，两拇指平行向前，手腕下压，两前臂外翻呈一个平面。

（3）击球空间位置。保持在腹前高度。

（4）垫击球动作。当球飞到腹前约一臂距离时，两臂夹紧前伸，插入球下，同时配合蹬地、跟腰、提肩、顶肘、压腕等全身协调动作迎向来球，身体重心随着击球动作向前上方移动。

（5）球触手臂部位和击球部位。用前臂的手腕关节以上 10 厘米左右的两小臂桡骨内侧所构成的平面击球的后下部（见图 2－4－4）。

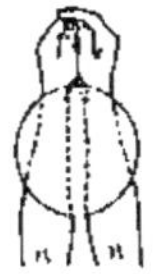

图 2－4－4　垫击部位

（6）击球后动作。在击球瞬间，两臂要保持稳定，耸肩往前送，身体重心继续协调地向抬臂方向送球。垫击动作结束后，立即松开双臂做好下一动作的准备。

2. 技术分析

（1）准备姿势的运用要根据不同情况而有所变化。接扣球和吊球时，应运用半蹲或深蹲准备姿势，两膝的弯曲度和重心的高低应根据来球的高度和角度以及腿部力量大小而定，要求在不影响快速起动的前提下，重心适当降低，这样有利于快速插入球下垫低球，也便于高点挡球。

（2）正面双手垫球的击球点位置应尽量保持在腹前高度，离身体不宜太远或太近，手臂触球的瞬间，耸一下肩往前送即可，这样便于调整手臂角度和垫出球的方向、落点。如果来球高于腰部以上时，可用高位正垫，垫击球时利用蹬地伸膝提高身体重心，必要时还可跳起在腰前用前臂垫出。

（3）要注意根据来球的情况不同采用不同的击球动作：垫轻球时，靠手臂上抬力量来增加反弹力，同时还要靠蹬地、送腰、提肩动作协调配合；在垫中等力量来球时，主要靠球的反弹力，动作幅度要小，以免球的反弹力过大而将球击过网；垫大力量来球时，手臂要随球后撤，以此缓冲来球。

3. 动作要领

夹臂、前伸、下插、蹬地、抬腰、提肩、顶肘、压腕、抬臂、送球。

（五）背向双手垫球

背对垫击目标，从身前向背后双手垫击球称为背向双手垫球。在接应同伴起球后，球飞得较远而又无法进行正面击球时运用较多。其特点是垫击点较高，垫球距离较远，准确性稍差。

1. 动作方法（见图 2－4－5）

背向垫击球时，要判断好来球的方向、落点和离网的距离，快速移动到球的落点处，背对垫出球的方向，两臂夹紧伸直。击球时，用蹬地、抬头挺胸、展腹和上体后仰的动作带动两臂向后上方摆动抬送，以前臂触球的前下方，将球向后上方击出。击球点一般应在肩前上方。

图 2－4－5　背向双手垫球

2. 技术分析

（1）背向垫球中，应根据垫球目标的远近和不同的高度变化击球点的高低。如要垫出高远球时，可适当降低击球点；要垫出平弧度球时，应升高击球点。在无法调整击球点高度时，可利用腰部和手臂的动作来控制出球的高度和距离。若遇低远的来球，需要向后上方高处垫出时，可采用屈肘屈腕的动作，以腕部虎口处将球向后上方垫起。

（2）由于背向垫击球是背对击球的目标，不利于观察场上的情况和击出球的方向落点，要特别强调垫击球时的方位感觉，判断好球、网、目标三者之间的位置关系，这样才能提高准确性。

3. 动作要领

蹬地抬仰摆双臂，背对目标肩上击。

（六）体侧双手垫球

在身体侧面用双手去垫球称为体侧双手垫球。

1. 动作方法

以右侧垫球为例，右脚向右侧跨一步，身体重心随着移至右脚，右腿弯曲。两臂伸向右侧，右臂高于左臂，左肩向下倾斜，伸出两手臂呈平面，用击球面对准来球，利用向左转腰转腹及右脚蹬地的力量，配合两臂在体侧垫球的后下部。击球完成后迅速准备下一动作。

2. 技术分析

（1）击球点应在体侧前方，腰肩之间。双臂在体侧稍前的位置截击来球，不能等球飞到体侧时再摆臂去击球，这样容易造成球触手后向侧飞去。

（2）垫球时，要调整和控制好两臂组成的垫击面的角度，使球准确地垫向目标。

3. 动作要领

侧向跨步侧伸臂，一高一低呈平面，内转腰腹蹬地力，侧前肩腰之间击。

（七）单手托球

单手托球是处理离身体低远的球，主要是在来不及运用双手插托球、抱球、捧球和正面双手垫球时采用。基本手型：掌心朝上，五指张开且朝前或向左（右）伸出，形成一个勺形。

1. 动作方法

眼睛注视来球，一只手向前或向左（右）伸出，插入接近地面球的下方，用手腕、手指的抖动，前臂上抬的力量将球托起。

2. 技术分析

击球瞬间，手快速插入球下部，手指、手腕与前臂要保持一定的紧张度，手臂、手腕的动作用力大小和动作幅度都应根据来球力量的大小和目标点的位置来控制。

3. 动作要领

掌心朝上勺形伸，腕指前臂适度紧，协调用力击球出。

三、接球技术的运用分析

接球技术运用于比赛的全过程，防守过程中不论是接发球还是接扣球抑或是接其他来球，来球都会因为击球者的击球力量、击球手法以及采用击球技术的不同而出现不同的特点，或轻或重，或下沉或晃动，因此运用的接球技术就有区别。下面我们就按接来球的特点进行技术分析。

（一）接轻球技术

接轻球技术主要采用双手插托球、抱球、捧球、单手托球、垫球等技术动作。一般运用于接下手发球、上手发球、接轻扣、吊球和处理球等。当球离开对方手的瞬间判断来球，球速不快或带有轻度飘晃时，接发球应注意观察，站位适当靠前。判断落点后，要快速移动取位，重心下降前倾。尤其是在接轻扣、吊球、接拦网触手的球和接拦回球时，由于来球方向和落点的不固定，更强调准备与移动步伐的灵活运用。当来球高于胸部时，采用抱球的技术动作或正面双手传球的技术动作；当来球低于胸部时，采用抱球或垫球的技术动作将球接起。

（二）接重球技术

接大力发球、接重扣球主要采用双手插托球、抱球、正面双手垫球等技术动作。

1. 接大力发球

大力发球的特点是力量大、速度快、旋转力强，但球的飞行轨迹较规律，容易判断。接大力发球的站位要适当靠近中场。因来球弧线低，接球时身体姿势要低。多采用正面双手垫球技术或捧球技术，由于来球力量过大，不要抬臂加力，对准球后手臂不动，耸一下肩往前送即可或采用捧球动作。

2. 接重扣球

接重扣球是接扣球防守技术的重点。由于来球力量大、速度快，接球前应保持较低的准备姿势和采取低姿势移动，并根据对方扣球队员及本方拦网的情况来判断扣球路线和落点，迅速移动卡位对准来球，稳定重心，尽量用插托球或正面双手垫球动作将球接起。如果来球离接球者有一定距离，接球者要立即运用移动步伐使身体迅速接近来球，以获取最佳的人球关系。不管运用何种接球技术，接重扣球时都要十分注意缓冲，以提高到位率，减少失误。

3. 接入网球

比赛中常有球因失去控制而飞入网内后反弹下落。要接好这种球，首先要判断准其入网的部位，掌握其反弹的方向、角度和落地点。接入网球的方法一般采用捧球技术或单手击球等击球技术。

球飞入网后，一般有三种反弹情况：第一种是球飞入球网的上半部或从高处下落入网，多为顺网下落，反弹角度很小，速度快，落点靠近中线；第二种是球飞入球网中部，则稍有反弹，下落速度较上部入网球稍慢，落点仍靠近中线；第三种是球飞入球网下部，因球网底绳的作用，反弹现象明显，且有一定的高度和远度。对上述第一、二种情况，因球下落速度快，落点靠近中线，比较难接，接球时要迅速移动到落点上，侧身对网，降低重心。在运用捧球技术时，双手要插入球下，手掌、手指给球体以撩拨动作；在运用垫球技术时，手臂插入球下，以屈肘翘腕动作将球垫起；在运用单手托球技术时，手掌张开略向本方场地倾斜，手指适度弯曲呈勺状伸到中线位置球的落点处，用托击动作将球击起。第三种情况则重心不宜太低，待判断反弹落点后从容将球垫起或托起。如果是第三次击球，一般采用抱球技术或捧球技术，要采用外侧臂抬高，用双手向上向侧兜球的动作，使球前旋飞过球网。

4. 其他击球技术运用

当来球速度快、突然性大，防守队员来不及移步、降低重心、伸臂击球和侧身让垫时，可采用身体其他部位来垫球（身体任何部位包括脚都可击球）。脚击球主要是当来球远而低，变化突然、时间短促，无法用其他击球技术时采用，属应急补救性技术动作。脚击球主要有脚背垫球和脚内侧垫球两种。

（1）脚背垫球。动作方法是以一脚为支撑，另一脚迅速向来球方向伸去，利用伸大腿、摆小腿的动作，使脚背插入球下。击球时，利用小腿继续上摆、脚踝上挑的动作，以脚背上部触球的下部（或侧下部）将球垫起。脚背垫球后，若身体失去平衡，可采用侧倒坐地或后倒坐地等动作进行自我保护。

（2）脚内侧垫球。动作方法与脚背垫球相似。但在击球时，脚尖要上翘，脚踝紧张，以脚内侧部位垫球的后下部。

第五节　传球技术

队员利用全身协调力量，并通过手指、手腕的弹力，将球传至一定目标的击球动作叫传球。

传球是气排球运动中最基本、最重要的技术之一，是各项战术的基础。主要用于二传，接对方推攻球、被对方拦回球，接轻发球、轻扣球、吊球和处理过来的球。它是组织进攻、防守反击的有效手段。球队的二传手在比赛中起着桥梁、核心的作用，没有良好的传球，就失去了进攻的枢纽，比赛难以获胜。

一、传球技术的种类

传球技术按姿势可分为站立传球、稍蹲传球、半蹲传球、全蹲传球、跳传、倒地传球、单手传球和抱传球，按传球的方向可分为正面传球、侧面传球、背向传球，按传出距离可分为远传球和近传球，按传出弧度高低可分为集中传球、拉开传球、平拉开传球，按用途可分为一传、二传、第三次传球过网、吊球、传快球、调整传球和扒球。

二、传球技术的动作分析

（一）正面双手传球

面对目标的传球称为正面双手传球。

1. 动作方法（见图2－5－1）

图2－5－1 正面双手传球

（1）准备姿势。稍蹲，上体稍挺起，抬头注视来球，两脚前后左右自然开立，约与肩同宽，后脚跟提起，中心落在两脚之间。两手屈肘自然下垂，两手掌呈半球状置于胸前，全身放松。

（2）迎球动作。当来球接近额前时，开始蹬地、伸膝、伸臂，手指微张，经脸前向前上方迎出。全身各部位动作应协调一致。

（3）击球点。在脸额前上方约一球距离处。

（4）手型（见图2－5－2）与触球部位。手触球时，十指应自然张开，使两手呈半球状；手腕稍后仰，两拇指相对近“一”字形，十指与球吻合，触球体的后下部。以拇指内侧，食指全部，中指的二、三指节触球的后下部，负担球的压力，无名指和小指在球两侧辅助控制球的方向。

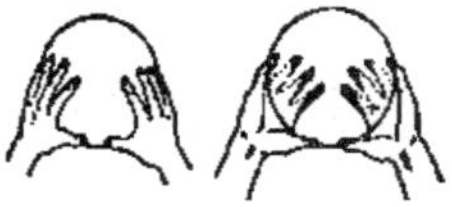

图2－5－2 传球手型

（5）用力方法。在迎球动作的基础上，当手和球即将接触时，手腕和手指要有前屈迎球的动作；当手和球接触时，手腕应稍有后仰，以缓冲来球的力量。一般情况下，短距离的传球是靠手指、手腕的弹力将球传出。而长距离的传球，则要全身用力由下而上，显示两脚蹬地，膝关节近于伸直，髋关节稍屈，含胸直立，最后用手指手腕的弹力将球传出。手离球后，两臂要伸直，伴送球出手，整个动作协调自然。

2. 技术分析

（1）击球点。要求尽量保持在额前上方约一球距离。原因有三：一是便于观察来球，看清手和传球的目标，有利于对准和控制传球方向；二是便于全身协调，有利于提高传球的准确性、稳定性；三是肘关节有一定的弯曲度，便于继续伸臂用力，有利于变化传球方向。

（2）腕、指的击球动作。触球前，腕、指应有一个前屈的迎球动作；传球时，腕、指应根据来球的速度和传球的距离，保持适当的紧张度。前屈迎球动作要小而及时，动作顺序由手腕的前屈带动手指的前屈。接轻球时，迎球动作要柔和；

接重球时，指腕稍紧张些，用力稍大些。

（3）全身的协调用力。传球的动作从下肢蹬地到手指击球，由下而上要连贯协调，一气呵成。

3. 动作要领

两眼视球快取位，蹬地伸臂额前迎，正确手型协调力，一气呵成击球出。

（二）背向传球

背向目标的传球称背向传球。背向传球是传球技术中的一种基本方法，在比赛中运用较多，二传队员必须掌握。

1. 动作方法（见图 2－5－3）

图 2－5－3　背向传球

（1）准备姿势。上体比正面传球时稍后仰，双手自然抬起，置于脸前。

（2）迎球动作。迅速移动，插入传球点下面，抬头挺胸，上体后展，双手上举。

（3）击球点。在头上方，比正面传球略偏后。

（4）手型。与正面传球相似，但触球时手腕要稍后仰，掌心向上，两拇指呈“一”字形托在球的下部。

（5）用力方法。利用蹬腿、展体、抬臂、伸肘和手指、手腕的弹力，把球向后上方传出。

2. 技术分析

（1）背向传球时，下肢蹬地的方向是接近与地面垂直，并通过展体、挺胸、抬头的动作，使抬臂、伸肘、送肩的协调用力方向偏向后上方。因此，背向传球的击球点应保持在头上方的位置，以便于向后上方用力。

（2）由于背向传球是与正面传球完全相反的方向将球传出，因此，传击球时腕要始终保持后仰，手指手腕应向后上方抖动用力，其中两大拇指用力更多些。

（3）由于背向传球看不到传球的目标，因此，传球前必须先观察判断好传球的方向和距离，尽量使背部对正传球目标。

3. 动作要领

上体稍直臂上抬，掌心朝上腕后仰，背部正对目标处，协调传球后上方。

（三）侧向传球

身体侧对传球目标，在不转动身体的情况下，靠双臂向侧方传球的动作称为侧向传球。侧向传球的准备姿势、手型及迎球动作同正面传球，击球点应偏向传出方向的一侧，传出方向一侧手臂稍低于另一侧手臂，且异侧手臂动作的幅度要大些，伸展的速度也应快些。传球时，通过下肢蹬地使身体重心向侧上伸展，以双臂和上体侧屈的协调动作将球传出。

（四）单手上手传球

当来球离身体较远或来球靠近网口时可用单手传球技术。

1. 来球离身体较远时

接球队员先移动脚步，对准来球位置以右（左）手，主动去迎球，手掌朝上托送球的下部。

2. 一传高且靠近网口时

当一传高且靠近网口或将飞过网时，队员两腿蹬地、单手上手传球膝关节伸展，靠近球一侧的手臂上举，手腕后仰，掌心向上，五指适当收拢，构成一个半球状手型，伸至球的后下部，利用腕指的弹力，将球向本方场区传出。

（五）抱传球

当来球弧线较高、较远而身体处于不利位置时，二传来不及采用正面击球动作而采用的侧面击球组织进攻的方式。其动作特点：一手掌心朝上，五指朝前，另一只手掌心朝前，五指朝侧，两手在球的后下方形成一个与球相吻合的弧形。

1. 动作方法（见图2－5－4）

图2－5－4　抱传球

（1）准备姿势与迎球动作。基本与正面上手传球技术相同。

（2）击球方法。在接触来球的瞬间，整个左手掌托在球的底部，并向前上方送出，同时右手翻顶球的中后部，左右手协调作用于球，利用托、翻、顶的合力将球传出。

2. 技术分析

（1）击球点位置应使托球手保持大小臂自然弯曲于体侧

为宜，这样利于充分保证手臂运动的幅度和角度，从而控制球的方向、高度和落点。

（2）亦可实现正面传球、侧向传球和背向传球的变化。正抱传：保持一手掌托球的底部，另一手位于球的中后部，同时向正前方发力。侧抱传：一手掌托在球的侧下部，另一手位于球的中下部，同时朝侧前方发力。背向抱传：一手掌托在球的前中下部，另一手位于球的后中下部，同时朝后上方发力。

三、传球技术的应用

传球在组织进攻中一般是第二次击球，故称为二传。二传是从防守转入进攻的桥梁和纽带，二传的好坏直接影响着进攻技术和战术的发挥。二传质量好，可以弥补一传和防守的不足。二传可以用假动作迷惑、牵制对方，达到助攻的目的，有时还可直接吊球，起到出其不意、攻其不备的作用。

（一）二传

1. 二传的特点

（1）进攻时传球多。要求二传队员移动取位要及时，身体平衡能力要强。

（2）移动、转身动作多。作为队伍的桥梁和枢纽，二传队员在比赛中要不停地移动、取位。二传队员不论是后排插上传球，还是网前换位后的传球，以及拦网、扣球，保护后的接应传球，都需要移动、取位和转身。移动的目的是为了快速取位，做好传球准备。转身是为了对正传出球的方向，提高传球的准确性。

（3）身体位置和传球手法变化大。由于一传来球是不规律的，因此，二传队员必须根据球的方向、速度、落点、弧度等具体情况，采用不同的姿势、不同的手法对待，才能将球传到预定的位置，达到有效进攻的目的。

2. 对二传队员的要求

（1）基本功扎实。基本功包括眼功、脚功和手功。眼功：视野开阔、眼观四方、头脑冷静、反应敏捷、判断准确。环视能力强，既能看到本方队员的情况，又能观察到对方的布局，思考战术打法，决断快速，对策有效。观察时机应在一传出手后，传出手前。脚功：移动快，取位好。根据一传情况，准确判断，及时启动，迅速移动到最佳的传球位置，做好传球的准备，并要有较好的重心稳定性、身体灵活性和动作协调性。手功：传球手法好，应变能力强。掌握送、压、抖、翻等多种传球方法，能在同一击球点位置上传出各种方向、落点和高度的球，做到一点多线，传球更具应变性、隐蔽性和攻击性；能根据进攻队员的助跑起跳情况，主动调整变化传球的动作和节奏。

（2）意志顽强，任劳任怨。作为全队的核心、灵魂，二传队员必须做到在任何情况下，胜不骄，败不馁，冷静沉着，善于战斗，敢于胜利。还要有立足本职、任劳任怨、不计得失、甘当配角的精神，通力协作，还要为同伴创造良好的进攻机会。

（3）保持良好的手型和传球的身体姿势。传球时的身体姿势要求：稳、准——身体重心稳，对准来球；仰、迎——头仰、手仰，用手去迎球；伸、送——伸膝、伸腰、伸肘，送手腕弹击球。

3. 二传的重点、难点

重点：传球手型是否规范、击球点是否正确，二者都会直接影响传球的效果。

难点：传球时的身体协调用力与配合，主要是上下肢的连贯协调。

4. 二传技术的运用

（1）正面二传。这是二传中最简单、常用的技术。当一传来球时，二传队员要适当控制传出方向，尽量保持正面传球，使球飞向最佳区域。正面二传可根据扣球手的需要和对方的拦网情况将球传高或传低、拉开或集中。

（2）调整二传。将一传不到位或离网太远的球，调整成便于扣球队员进攻的球，称为调整二传。在比赛中，场上每个队员都有做调整二传的任务。调整二传以传高、远球为主，所以要充分利用蹬地伸膝、伸臂及屈指腕的全身协调力量将球平稳传出。调整二传应根据扣球队员的位置来调整传球的角度、弧度和落点。传球路线与球网形成的夹角越小越利于进攻球员扣球。一般来说，调整二传时，传球的落点应在扣球队员的前方，约在进攻线附近为宜。

（3）背向二传。背向二传可利用球网全长，增加进攻点，使进攻战术更丰富，具有一定的隐蔽性和突发性。传球时，主要靠手感来控制球的方向、速度和落点。背传拉开高球时，要充分利用蹬地、挺胸、展腹和向后上方提肩、伸臂等动作将球平稳传出。

（4）侧向二传。这种传球适应于一传来球近网或平冲飞向球网的球。侧向二传可增加进攻的隐蔽性，有时还可用来做二传吊球。侧向二传球的难度较大，准确性较差。

（5）跳起二传。主要用于传网上高球和即将过网的一传球。在跳起二传时主要是掌握好起跳时间，在身体上升到最高点时传球，尽量提高击球点。这样既可提高进攻节奏，还有利于二次球的进攻。

（6）传快球。根据扣球队员的特点和扣球队员的上步速度、起跳时间、弹跳高度和挥臂击球动作快慢等来决定传球的速度、高度、距离和出手时间，主动把球“喂”到扣球队员最方便扣球的位置上。

（二）传球技术的其他应用

1. 一传

在接轻发球、接推送过来的球以及接较高的吊球、拦回球时，采用传球的方法更能保证一传的准确到位。还可直接传二次球进攻，或突然直接将球快速传入对方空当。接大力发球或扣球时，用传球技术做一传容易漏球或“倒轮”。这时一定要做好预判，看准球的速度、弧度及落点，取好位置，腕、指保持适度紧张，伸臂及时快速，两手同时接触球体将球平稳向上送出。送出的球以不转为好。

2. 二传吊球

二传吊球指二传队员在进行二传前的瞬间，突然改变传球动作和方向，将球传入对方空当。它是二传队员应该掌握的一项攻击性很强的传球技术，分为双手和单手两种。

（1）双手吊球。以侧传吊球效果更好。当迎球动作开始时，突然改用侧传或背传的动作，将球传向对方空当。传出的球弧度要低，应紧挨着球网上沿飞向对方场区。

（2）单手吊球。在双手二传动作开始前的瞬间，突然高举一只手臂，五指稍并拢，轻拨球的侧下方，使球落入对方空当。单手吊球的击球点应稍靠近球网，并尽量升高。吊球的速度要快，攻击性才大。吊过去的球必须有明显向上的弧度。

3. 第三次传击球

当第三次击球无法组织进攻时，常用传球或扒球的方式将球推向对方场区。传球时，腕、指适度紧张，用蹬地、伸膝、伸臂和压腕的动作，将球快速地传入对方空当或后场两角。

第六节　扣球技术

队员在进攻线后跳起在空中，用一只手或手臂在本方场区上空将高于球网上沿的球击入对方场区的一种击球方法叫扣球。

扣球是气排球技术中攻击性最强的一项技术。一个球队的攻击力强弱，往往取决于该队的扣球技术水平。一场比赛中扣球得分一般占整队得分的60%～70%，是取胜的关键，也是一个队争取主动、摆脱被动、鼓舞士气、抑制对方的最积极有效的武器。

扣球的攻击性主要体现在它的速度快、力量大、变化多，可以扣出各种不同性能、不同时间、不同角度、不同落点的变化球，使对方难以拦网、防守和组成反击，从而使本方能顺利夺得发球权和得分。气排球扣球技术随着气排球运动的发展而不断创新和提高。气排球扣球的发展特点主要体现在几个方面：打破队员位置分工的限制，每个队员既是接球手同时也是扣球手，充分利用网长和纵深，更多运用变向、变步的助跑起跳方法，使扣球技术向着高度、速度、力量方向发展。

一、扣球技术的分类

扣球技术的分类有三种：一是按动作分，有正面扣球、勾手扣球、单脚起跳扣球；二是按区域不同分，有原地起跳扣球、后排扣球、调整扣球；三是按运用分，有转体扣球、转腕扣球、打手出界扣球、超手扣球、轻扣球、吊球、冲跳扣球、后撤扣球、扣探空球。

二、扣球技术的动作分析

（一）正面扣球

正面扣球是气排球扣球技术中最基本的一种方法。由于面对球网，便于观察，准确性较高，加之正面扣球挥臂动作灵活，能根据对方防守情况，随着改变扣球的路线和力量，控制落点，因此进攻效果较好。初学者必须掌握好正面扣一般球后再学习其他扣球技术。

1. 动作方法（见图2－6－1）

图2－6－1　正面扣球

（1）准备姿势。扣球助跑前采用稍蹲姿势，两臂自然下垂，站在离网2米左右处，身体转向来球方向，眼观来球，做好向各个方向助跑起跳的准备。

（2）助跑。助跑开始时，左脚先向前迈出一步，紧接着右脚再快速跨出一大步，左脚及时并上，踏在右脚之前，两脚尖稍向右转，两臂绕体侧向上引摆。

（3）起跳。在右脚助跑跨出最后一步（即第二步），左脚并上踏地制动的同时两臂自后积极向前摆动，随着双腿蹬地向上起跳，两臂配合起跳有力地向上摆动，同时快速展腹带动身体腾空而起。

（4）空中击球。起跳后，挺胸展腹，上体稍向后仰并稍向右转，右臂向后上方抬起，肘高于耳，身体呈反弓形。挥臂时，迅速转体、收腹发力，依次带动肩、肘、腕各部位关节向前上方呈鞭甩动作挥动。击球时五指微张，以掌心击球为主，全掌包满球，在手臂伸直最高点的前上方击球的后中部，同时主动用力甩腕、屈指控制住球，并向前下推压，使扣出的球呈推压动作上旋。

（5）落地。落地时以两脚前脚掌先着地，再迅速过渡到全脚掌着地，同时顺势屈膝、收腹，以缓冲下落的力量，做好下一个动作的准备。

2. 技术分析

（1）助跑。

助跑的目的，一是为了接近球，选择恰当的起跳点；二是利用助跑的水平速度配合起跳，增加弹跳高度。助跑的方向、速度和步数根据来球的方向、速度、弧度、落点来决定。助跑第一步要小，找准上步方向，第二步要大，调整身体与球的距离，解决好人、球位置关系。

①步法：助跑的步法种类很多，在运用中要因球而异、因人而异，力求灵活，适应性强。但无论采用几步助跑，第一步要小，最后一步应大。现以三步助跑右手扣球为例分析如下。

第一步：以左脚向来球的落点方向自然迈出一步，其主要作用是确定助跑方向。这一步应小，但要对正上步的方向，因此也叫方向步。

第二步：步幅要大，步速要快，使支撑点落在身体重心之前，身体稍向后倾，重心自然后移和降低，从而有利于制动。

第三步：即最后一步，要以右脚的脚跟先着地，再过渡到全脚掌着地，这样有利于控制身体的前冲力，增加腿部肌肉的张力，提高弹跳高度。这一步起着调整身体与球的距离、决定起跳点的重要作用。

②助跑的时机：助跑起动过早或过晚，都会影响扣球的质量。二传球低或传球速度快时，起动要早一点，球高则晚一点；动作慢的队员起动早一点，动作快的队员则晚一点。

③助跑的路线：由于二传来球的落点不同，扣球队员助跑的方向和路线也不相同。以4号队员扣球为例，其助跑路线主要有三种：扣集中球采用斜线助跑，扣一般球采用直线助跑，扣拉开球采用外绕助跑。

（2）起跳。

①起跳的步法：助跑的最后一步称为起跳步，它既是助跑的结束步法又是起跳的准备动作。常用起跳步法有两种：一是并步起跳，即一脚跨出一大步后，另一脚迅速向前并步，随即蹬地起跳。这种方法属于调整起跳时间，适应性强，制动效果好，身体重心易保持稳定，但对起跳高度稍有影响。另一种是跨步起跳，即一脚跨出一大步的同时，另一脚也跟着跨出去，有一个腾空的阶段，两脚同时落地，蹬地起跳。这种方法能充分利用人体下落的重力加速度，增加弹跳高度，但不利于加快助跑速度，易影响起跳节奏，不利于快攻起跳。

②起跳的位置：一般应选择在距离球一臂之远的位置起跳。这样才能保持好身体和球合理的位置关系，便于充分发挥全身的协调力量，保持较高的击球点。

③起跳的摆臂：起跳时的手臂摆动一般有两种方法。第一种，划弧摆臂。以肩关节为轴，两臂经体侧后再向前上方划弧摆动。这种摆臂可根据需要来变化划弧的大小，动作连贯协调，便于调整摆臂速度和节奏，适应性强，运动较普遍。第二种，前后摆臂。两臂由体前先向后摆动，然后再由后向前上方

直接摆动。这种摆臂振幅较大，摆动较有力，有利于提高弹跳高度，但因动作大，使空中的转体动作不便，对及时快速起跳有影响。

（3）空中击球。

①挥臂方法：当起跳身体腾空后，左臂摆至身体前方，协调保持上体的空中稳定。击球手臂应屈肘置于头侧，肘高于肩，身体呈反弓形。挥臂前合理的屈肘动作，可以缩短挥臂时以肩为轴的转动半径，减少转动惯量，提高挥臂的初速度。随之边摆臂边伸肘，加长转动半径，增加挥臂的线速度。在挥臂转动的角速度不变的情况下，上臂甩得越直，挥动半径越大，线速度也越快，扣球越有力。这种挥臂方法，既能扣高弧度球，也能扣低、平弧度球，适应范围较广。

②击球动作：击球时，要求击球的手有巨大的动量和速度，而扣球中全身协调的击球力量是由于手臂的鞭打式动作，最后通过手腕的甩动和加速，由全手掌作用于球体的。所以，击球时应注意三点：一是要打准。全手掌击球，用全手掌包住球与球相吻合，以保证手腕关节很好地参与整个鞭甩动作。二是在最高点击球，手臂向前上方挥击时应有提肩动作。在击球刹那，手臂要充分伸直。三是充分发挥前臂加速度。前臂应有明显的抽鞭似的动作，带动手腕的鞭甩动作，并在手掌触球后仍继续加速，以加大对球的作用力（见图2－6－2）。

图2－6－2　推压动作

③击球点：扣球的击球点应在起跳最高点和手臂甩直的最高点的前上方。手臂与躯干的夹角约为164°。一般近网扣球

的击球点略靠前，远网扣球的击球点应保持在头的上方，用全手掌击球的后中部，手腕有明显的推压动作，使球急速上旋飞入对方场区。

3. 动作要领

一小二大三制动，助跑节奏方向清；挥臂抬肘要过肩，收胸振臂腰腹力；带动臂腕鞭形甩，全掌包压高点击。

（二）单脚起跳扣球

单脚起跳扣球是指助跑的最后一步单脚踏地，另一只脚直接向前上方摆动帮助起跳的一种扣球方法。单脚起跳扣球在气排球比赛中常常用于战术进攻及处理球的扣球。单脚起跳由于第二只脚不在落地面而是直接上摆，且起跳腿下蹲较浅，因而它比双脚动作快 0.2 秒左右。它在充分利用助跑速度的同时，再加上右腿积极上摆的协调动作，比双脚起跳冲得更远，跳得更高。所以它既能高跳扣定点高球，又能追球起跳扣低弧度球，有利于控制时间和空间，这对突破和避开拦网有较大作用。准备姿势采用单脚起跳扣球，可采用一步、两步或多步助跑。助跑的路线与进攻线的夹角不宜过大或过小，以免触线犯规。助跑后，左脚跨出一大步，身体重心稍向后倾，在右脚向上摆动时，左脚用力蹬地，起跳的同时两臂积极配合上摆。起跳后的扣球动作与正面扣球基本相似。扣球结束后双脚落地缓冲，做好下一个动作的准备。

（三）勾手扣球

勾手扣球是气排球中起跳后侧对球网，运用勾手动作挥臂击球的一种扣球技术。特点：力量大，可增加扣球点，扩大进攻面，隐蔽性强，对方不易拦网。二传球远网时，仍能保持有利的进攻位置，并能弥补起跳过早冲到球前的失误。勾手球一般扣由后场传来的调整球和远网球。

动作方法（以右手扣球者为例）：助跑的最后一步使左肩转向球网，或在起跳后在空中转向球网。起跳后上体稍向后仰，向右扭转，右肩下沉，右臂上提至体侧，掌心朝上，五指微呈勺形。像勾手大力发球一样猛力向左转体收腹，带动手臂的挥动击球。手臂充分伸直，向左前上划弧。在头的右前上方最高点用全掌击球的后中下部，击球后，面向球网。目前，在一些中老年高水平球队中运用较多。落地时，为避免受伤，力争双脚同时落地，由前脚掌过渡到全脚掌，同时迅速屈膝缓冲下落力量，并做好下一动作准备。勾手扣球应特别注意两点：一是起跳后，应使身体保持在球与网之间，便于掌握击球；二是充分利用收腹转体的动作带动手臂击球，以保证球的威力。

（四）调整扣球

扣球队员扣从后场区调整传到进攻线附近的球为调整扣球。调整扣球是各种扣球的综合运用，是强攻能力的集中体现。在比赛中，调整扣球的数量比较多，掌握好调整扣球的技术对提高得分能力、降低失分有重要的作用。由于后场区调整传球的方向、角度、弧度、速度和落点的不同，扣球的动作有所区别。可用正面扣球、勾手扣球和单脚起跳扣球等，以保证攻击力。

调整扣球应注意的问题：扣球队员要及时调整好扣球的角度，熟练掌握各种助跑起跳方法（如多步、一步、原地踏跳、倒跨步、后撤步等），看准来球位置，合理运用助跑技术，调整好人与球的距离，保证有利的进攻位置；在空中要灵活地转动身体、手和手腕，手法多变，控制扣球的力量、路线和落点；不断提高腰腹的爆发力、手臂的挥动速度和腕指控球的能力；准确掌握击球部位和推压动作。

（五）冲跳扣球

冲跳扣球是气排球常用的主要扣球技术之一。起跳扣球技术动作结构与正面扣球动作基本一致。在进攻线后起跳，充分利用向前冲跳缩短与网的距离。冲跳扣球步频快、距离长、速度快，无须制动和深蹲，助跑步数一般为两步和三步。起跳时的主要技术特点：起跳时双腿稍蹲，两只脚拉开一定的距离，两臂在体侧主动向前摆动；起跳后，抬头挺胸，上体前倾，手臂上举，后拉幅度小，主要利用甩前臂动作发力，以肘为轴，加强屈肘和甩腕动作。击球时，右臂向前上方，手臂伸直至最高点用全手掌击球后中部，同时用手腕推压动作使球加速上旋飞行。

三、扣球技术的运用

（一）原地或一步起跳扣一般球

在气排球扣球中原地和一步起跳扣一般球的运用比较多。这种扣球主要动作特点是采用快速起跳的方法，能够比较好地选择扣球的时机，对各种二传球适应广泛的动作方法是：原地或并步起跳，即原地踏跳或一脚跨出一大步后，另一只脚迅速向前并步，随即蹬地起跳。动作方法的关键是快速起跳，选择适宜的起跳时机，找准起跳点。

（二）转体扣球

在起跳或击球过程中，改变上体方向的正面扣球称转体扣球。转体扣球与正面扣球的动作方法大致相同，主要区别是将击球点保持在左（右）侧前上方。击球时，队员在空中利用向左（右）转体和收腹的动作带动手臂向左（右）挥动，以全掌击球的右（左）侧上方来改变扣球的方向。

（三）转腕扣球

扣球队员在击球时，突然利用肩、前臂和手腕的转动来改变扣球的路线称为转腕扣球。

1. 向外转腕扣球

扣球时，起跳动作与正面扣球相同，但击球点应保持在右肩前上方。击球时，右肩上提并稍向右转，前臂向外转，手腕向右转甩动，同时上体和头部向左偏斜，以全掌击球左侧上方，击球时肘关节应伸直以加快挥臂的速度。

2. 向内转腕扣球

扣球时，击球点应保持在头的左前上方，前臂内转，手腕向左甩动，以全掌击球的右侧上方。这种扣球主要用于后排右和后排中扣斜线球。

（四）扣快球

快球是气排球比赛中以快、巧制胜的有效方法，是快速进攻的手段之一。扣球时，扣球队员在二传队员传球出手时或出手前瞬间快速起跳，并迅速挥臂（以前臂手腕为主）击球，使对方队员来不及拦网。扣快球助跑距离短、速度快，随一传球同时助跑到进攻线后，角度一般与进攻线成45°，要浅蹲快跳，以便于加快起跳速度，跳起在空中等球；击球手臂后引动作要小，主要利用含胸、收腹的动作，带动前臂和手腕快速鞭打式挥动，用全掌击球的后中上部。

（五）打手出界

指扣球队员有意识地使扣出的球触及拦网队员的手后飞出界外的扣球方法。当球传到进攻线附近上空时，扣球者对准拦网者外侧手的外侧部位击球；还可以将球扣在拦网者的手指尖部位，使球出界。

（六）超手扣球

扣球队员利用自己的身高和弹跳优势，将球从拦网者手上空击入对方场区的一种扣球方法。超手扣球应充分利用助跑起跳来增加弹跳高度，保持较高的击球点；充分利用收胸动作带动挥臂，挥臂最后阶段手臂要向上充分伸直，利用前臂加速挥动和甩腕动作，以全手掌击球的后中上部，使球从拦网者手上方呈长线飞出。

（七）轻扣球

指扣球队员佯作大力扣球，而在击球前瞬间突然减慢手臂挥动速度，将球轻轻击入对方空当的一种扣球方法。轻扣球的助跑、起跳、挥臂动作应与扣重球一样逼真，但在击球前瞬间手臂挥动速度突然减慢，手腕放松，用全掌包满球，大力向前上方推搓，使球呈弧线落入对方空当。

（八）吊球

指扣球队员以轻灵的单手传球动作，使球避开或越过拦网者的手落入对方场地空当的一种击球方法。扣球队员起跳后佯做扣球，然后突然改变动作，以单手传球的手法击球的后下方或侧后下方，将球吊入对方空当。击球时，手臂应尽量伸直，争取高点击球。吊球时应注意：起跳后，首先要做出大力扣杀的动作，然后转入吊球。要以手指、手腕弹击球。如对方有人保护拦网队员，可吊斜线球；如场中无人，可吊向中场；如人集中在中场，则吊向后场两个边角。

第七节　拦网

队员靠近球网，在高于球网处（老年组不能过网）阻挡对方来球的行动并触及球，称为拦网。

拦网是防御，也是进攻。拦网不仅可以将对手的扣球拦回、拦起，减轻后排防守的压力，而且可以直接将球拦死，使之成为得分的重要手段。此外，它还能干扰和破坏对方进攻战术的组织，削弱对方进攻的锐气，动摇对方的信心，给对方造成心理上的威胁。就防守而言，拦网是气排球比赛中的第一道防线，就攻防转换看，拦网又是第一道进攻线。因此，拦网水平的高低，直接影响着比赛的胜负。“拦网不好，后排难保”，目前，气排球比赛的一大看点就是扣球与拦网的网上之争。高水平的气排球比赛，如果没有强有力的拦网，后排防守将是非常困难的。拦网技术的提高和创新，对促进气排球运动的发展有着重要的作用。

一、拦网技术的分类

拦网技术按人数分为单人拦网、双人拦网、三人拦网，按运用与变化分为原地拦网、移动拦网、拦强攻、拦快球、拦远网攻等。

二、拦网技术的动作分析

拦网技术的动作由五个部分组成：准备姿势、移动、起跳、空中击球和落地。

（一）单人拦网

1. 动作方法（见图2－7－1）

图2－7－1　拦网

（1）准备姿势。队员面对球网，两脚左右开立，约与肩同宽，距网20～30厘米，两膝微屈，两臂屈肘置于胸前。

（2）移动。常用的步法有一步、并步、交叉步、跑步等。无论采用哪种移动步法，都要做好制动动作，以保证向上起跳，避免触网和冲撞同队队员。移动时根据对方扣球队员位置及时向左或向右移动。

（3）起跳。有原地起跳和移动起跳两种。原地起跳时，两腿屈膝，重心降低，随即用力蹬地，两臂以肩发力，在体侧近身处，做划弧前后摆动，帮助身体迅速跳起。移动起跳时，其起跳动作与原地起跳一样，但要注意制动并使移动与起跳动作紧密衔接。

（4）空中击球。起跳时，两手从额前沿球网向上方伸出，两臂向上伸直并保持平行，两肩上提，两臂中间的距离要小于球体，手指张开呈勺形，两个食指应保持平行。当手触球时，两手要突然紧张，手腕适度下压盖在球的前上方（老年组）。在中青年组和大学生组比赛时，拦网双手应对对方扣球伸手过网主动用力“盖帽”，使球反弹角度小，对方难以保护。在拦远网球时，对方击球点高，可采用手腕后仰方法，堵截扣球路线，将球向上拦起。

（5）落地。拦球后，要做含胸动作，以保持身体平衡。手臂从网上收回至本方上空，再屈肘向下，以免触网。与此同时屈膝缓冲，双脚落地，随即转身面向后场，准备接应来球或做下一个动作准备。

2. 技术分析

（1）选位。以五人制为例，一般情况下，2、4 号位队员站在离边线 0.5 ~ 1 米处，3 号位队员居中。当对方以中路跑动进攻为主时，2、4 号位队员应相对靠近中间站位。

（2）移动。拦网的移动方向主要是向两侧和斜前方，移动时采用的步法可归纳为“前一步，近并步，中交叉，远跑步”。

①一步移动：须做好制动动作，保持垂直向上起跳。

②并步移动：向两侧近距离移动时采用。其特点是能保持面对球网，便于观察，也便于随时起跳，但移动速度较慢。

③交叉步移动：适用于中距离移动时采用。具有移动速度快，制动能力强，控制范围大的特点。交叉步移动后，两脚着地时，脚尖应转向球网。

④跑步移动：移动距离较远时采用。特点是移动距离远、速度快，但对制动要求高。如向右侧跑动时，身体先向右转，顺网跑至起跳位置时，应先跨出左脚制动，接着右脚再向前跨出一步，使两脚平行站立，脚尖转向球网，随即起跳；若脚尖来不及转向球网，应在起跳过程中边跳边转身，保证起跳后能面向球网进行拦网。为了提高拦网高度，可以将助跑与起跳衔接起来成为助跑起跳。

（3）起跳。

①起跳位置：在正确判断对方扣球路线的情况下，拦网

队员应选择能拦住对方主要进攻路线的位置起跳。拦一般球时，应迎着对方助跑线路起跳；拦拉开球时，应选择距离边线50厘米左右的位置起跳；拦后排远距离队员扣球时，应选择对方队员扣球与本方场区两底角连线所形成的夹角中央位置起跳。

②起跳时间：掌握正确的起跳时间，是拦网成功的基础。拦网队员的起跳时间，应根据二传球的高度、离网的远近、扣球者起跳时间和扣球动作特点决定。如果扣球是远网高球，起跳应迟些；如果是低球，起跳应早些。一般情况下，拦网者应比扣球者晚跳。但如果是拦后排快球，拦网者应与扣球者同时起跳。

③起跳动作：拦网起跳前，要充分利用手臂的摆动来帮助起跳，如来不及，可在身体前划小弧用力小摆，以带动身体垂直上跳。一般拦快球采用快速起跳方法，做到浅蹲快跳，以小腿发力为主。拦高球时，采用深蹲高跳方法。拦快球采用快速起跳，做到浅蹲快跳，以小腿发力为主。

（4）拦网方法。

①老年组比赛：拦网手型为手指微屈，自然张开，手掌与扣球路线垂直或后仰触球时，腕指保持一定紧张度，利用压腕、压指将球拦过对方或利用控制、缓冲将球拦回本方。手臂垂直上举，触球点保持在本方场地上空。

②中青年及其他组别比赛：现在的气排球比赛中，除了老年组的比赛，其他组别都允许队员的手过网拦网，但必须在对方进攻性击球后才能触球。方法主要有以下两种：

a. 伸臂动作：拦网触球时，两臂应尽量伸直，两肩尽量上提，前臂要靠近球网，两手间距离应小于球体的直径，以防止漏球。伸臂动作要及时，过早容易被打手出界或者被避开拦网手扣球，过晚不易及时阻拦扣球。一般应在对方扣球瞬间伸臂较好。

b. 拦球动作：拦网触球时，两手应主动用力盖帽或捂球，使球反弹角度小，对方保护困难。为了防止对方打手出界，拦网队员的外侧手掌应稍向内转。拦远网球时，为了提高拉网点，可不采用压腕动作，而是尽量向上伸直手臂或手腕。如对方击球点高，不能罩住球时，可采用手腕后仰的方法，堵截扣球路线，将球向上拦起。

3. 动作要领

判断准，移动快，制动稳，及时跳，伸臂捂。

（二）集体拦网

由前排两个或三个队员互相靠近，同时起跳组成的拦网，称集体拦网，是比赛中最常用的一种拦网形式，主要在对方大力扣球时采用。拦网的技术动作与单人拦网相同。

1. 动作方法

（1）双人拦网。双人拦网是集体拦网的主要形式。主要由2、3 号位队员或3、4 号位（五人制）队员所组成。当对方从4 号位组织拉开进攻时，应以本方 2 号位队员为主，3 号位队员移动靠拢协同配合拦网。如果较集中，则以 3 号位队员为主，2 号位队员进行配合拦网。当对方从 3 号位进攻时，应以本方 3 号位队员为主，4 号位队员协同配合。当对方从 2 号位进攻，则本方 4 号位队员为主，3 号位队员协同配合。

（2）三人拦网。在五人制比赛中，多在对方高点强攻的情况下运用。在组成三人拦网时，不论对方从哪一个位置进攻，都应以本方 3 号位队员为主，两边 2、4 号位队员为辅进行配合。

2. 技术分析

集体拦网时，应以一人为主拦队员，另外队员为配合队员。但主拦人员不是固定的，一般情况下，距离对方扣球点近的队员为主拦队员。主拦队员必须抢先移动到对方扣球点的位置，做好起跳准备，配合队员则迅速移动靠近主拦队员准备同时起跳。起跳时，队员的手臂应在体前划小弧向上摆伸，尽量垂直向上起跳。队友之间的距离一定要合适，距离太远，跳起后将出现“空门”；距离太近，起跳时互相碰撞和干扰。手臂在空中既不能重叠，造成拦击面缩小，又不能间隔太宽，造成中间漏球。扣球靠近边线时，靠近边线的拦网队员外侧的手应适当内转，以防打手出界。

三、拦网技术的应用

（一）拦强攻扣球

强攻扣球的特点是击球点高，力量大，路线变化多。在比赛中一般都是采用双人或三人（五人制）拦网来对待强攻扣球。拦强攻扣球要求拦网队员慢起高跳，充分发挥高度。

1. 拦集中球

集中球的击球点在标志杆以内一般距离区域内，拦网者应以拦斜球为主，兼顾直线，当发现对方改变扣球路线时，要随即改换手法进行拦截。

2. 拦拉开球

拉开球的击球点多在标志杆附近的上空，应尽量组织集体拦网。如果击球点在标志杆处，要拦其斜线；如果击球点在标志杆以内，外侧队员应拦其直线，外侧的手腕应向内转，以防打手出界。

（二）拦快球

1. 拦近体快球

一般采用单人拦网，击球点靠近球网。拦网时，拦网队员应与扣球队员同时起跳。起跳时要正对扣球队员，两手伸过球网接近球，力争把球罩住。

2. 拦短平快球

短平快的二传球是顺网平弧度快速飞行，拦网时要人球兼顾，根据扣球队员的助跑路线和起跳位置进行取位和起跳，堵其主要扣球路线。

（三）拦打手出界球

拦打手出界球时，靠近边线拦网队员的外侧手在拦击球的刹那，手掌应转向场内，以防打手出界。若遇对方有明显的打手出界或扣平冲球的动作时，拦网者应及时将手收回，造成对方扣球出界。

（四）拦远网扣球

远网扣球点离网较远，应尽量组织集体拦网。拦网时，手根据来球高度向上伸，堵截其主要扣球路线。拦这种扣球的关键是要掌握好起跳的时间和选择正确的起跳位置。一般情况下应在对方击球的一瞬间起跳，单人拦网时，应在正对其主要扣球路线的位置起跳；集体拦网时，主拦队员在选择起跳位置时应留出一定位置，让同伴与自己进行配合。

第三章　气排球战术

第一节　气排球战术的基本理论

一、气排球战术的概念

气排球战术是指运动员在比赛中，根据气排球竞赛规则和气排球运动的规律、比赛双方的具体情况和临场竞赛的发展变化，合理运用个人技术及集体配合所采取的有意识、有组织的行动。

二、气排球战术的分类

根据不同的分类方式，气排球可演化出不同的战术体系。

（一）按战术的参与人数分类

根据参与战术体系人数的多少及配合的差异性，可以分为个人战术与集体战术两大类。

个人战术包括发球个人战术、一传个人战术、二传个人战术、扣球个人战术、拦网个人战术、防守个人战术。集体战术包括接发球及其进攻、接扣球及其进攻、接拦回球及其进攻、接传垫球及其进攻战术。

（二）按战术的组织形式分类

根据对抗过程中所采取的不同组织形式分类，可将气排球战术分为进攻与防守战术两大类，在相应过程中有目的地变化各种战术阵型与打法，从而形成相对完整的战术体系。

1. 进攻战术

（1）进攻阵型。

①五人制：中二二进攻、边二二进攻、后排插上进攻。

②四人制：中三进攻、边三进攻、插三进攻。

（2）进攻打法。包括强攻、快攻、两次球及转移进攻、立体进攻。

2. 防守战术

防守战术包括接发球防守阵型、接扣球防守阵型、接拦回球防守阵型、接传垫球防守阵型。

三、气排球战术指导思想

气排球战术指导思想是一个球队在训练和比赛中指导战术行动的主导思想和基本原则。正确、先进的指导思想应符合气排球运动的客观规律和本队的实际情况，也适应气排球运动的发展趋势。战术制定的指导思想：针对队伍在不同时期的不同对手进行考虑，从实际出发，全面分析，扬长避短，从而形成自身独特的风格。气排球运动自 1984 年问世至今，已开展了 30 余年，经过不断改革与完善，在内容、形式、赛制、规则、器材等方面日益革新，随着近年国家体育总局将其作为全民健身推广项目进行推广，在全国范围内已得到广泛普及与提高。随着战术变革和不断创新，不同地区间也逐渐形成了各自的打法体系，目前已呈现“个人全面，攻防均衡，全攻全守，高快立体，灵活多变，简练实效”的战术发展趋势，再加上不断创新，可以说是当前气排球战术的指导思想，而根据各队伍的实际情况可能存在一定的差异。

四、气排球战术意识

气排球战术意识即战术素养，是指运动员在发挥技术的过程中支配自身行动并带有一定战术目的的心理活动，也是运动员在气排球比赛中合理运用技术和实现战术时所具有的经验、才能和智慧。运动员在比赛中的判断、应变和实践能力，以及每一项技术、战术的正确运用能力，都受一定战术意识的支配，并包含有战术意识的内容。运动员战术意识的强弱是衡量其是否成熟的重要标志，因此在训练和比赛中应注重培养运动员的战术意识，从而提高他们正确合理运用技术的能力、临场判断与应变的能力，迅速积累比赛经验。

根据气排球运动的规律与特点，可以从以下 8 个方面培养与提高战术意识：技术的目的性；行动的预见性；判断的准确性；进攻的主动性；防守的积极性；战术的灵活性；动作的隐蔽性；配合的集体性。

五、气排球战术能力

气排球战术能力是运动员竞技能力的重要组成部分，在与对手的技能、体能、心理和智能基本相同的情况下，战术能力的作用就更加突出，常常在取胜中占有重要的地位。随着运动员年龄的增长和运动技术水平及身体能力的提高，战术能力在竞赛中的作用也会随之而加强。战术能力与技术、身体、心理等多种竞技能力都有着密切的关系。技术能力是战术能力的基础，身体能力是提高技战术能力、实施战术配合的重要先决条件，心理能力则是技术能力和战术能力发挥的保证。运动员思维的敏捷性、灵活性、预见性和创造性等是体现智能的重要方面，也是战术意识的基础。此外，战术能力的提高又必然会促进体能、技术能力、心理和智能的更快发展。

六、气排球技术与战术之间的关系

气排球技术是任何一种气排球战术出现与发展的基础，所有的战术体系均是在合理熟练运用各项技术的基础上形成的。在实战中运用各项基本技术，适时根据实战的需要与变化，产生某种战术设想，进而改进原有的技术，灵活组合各项技术而形成新的战术配合，以适应实战的需要。此外，战术意识与体系的变革也会给技术的革新提出新的启示，从而改变技术的发展轨迹，亦可创造新的技术，因此，气排球技术与战术是互相联系、互相依存、互相促进、互相制约的。

七、个人战术与集体战术的关系

气排球是集体性项目，要获得战术上的胜利就需要全队各个成员间的密切配合。在每个个体充分发挥自身特长的基础上，还必须通过集体间的默契合作才能实现集体力量的提升，最终取得优胜。太过强调或依赖于个人力量，或是过于追求集体配合而忽视个人能力的提高，都无法达到这一目标，因此在这个过程中就必须取得个人战术与集体战术的平衡。个人战术是队员在比赛中根据临场情况的变化，有目的、有针对性地运用个人技术动作；集体战术是指两个或两个以上队员之间有组织、有目的地集体协同配合。个人战术是集体战术的组成部分，集体战术是个人战术的综合体现，二者之间的关系是局部和全局的关系。个人战术要促成集体战术的实现，集体战术要有利于发挥个人战术的特长和作用，二者相辅相成、互相促进、互相弥补。一个球队个人战术与集体战术水平的高低，取决于以下因素：一是基本技术的全面性、准确性、熟练性、实用性的程度；二是阵容配合的合理性，个人特长的应用与积极的合理调配；三是了解与判断双方人员特点及战术布置情况的准确度、深度及广度；四是临场应变能力和实战经验的积累；五是技、战术指导思想是否先进、准确；六是是否具有集体主义、团结协作和顽强拼搏的精神等。

八、进攻战术与防守战术的关系

在气排球比赛中，为了使球在对方场区落地或造成对方失误、犯规而采取的一切合法手段，都称之为进攻。反之，为了不使球落在本方场区的一切合法手段，均为防守。攻、守这对矛盾贯穿于气排球运动的始终，攻中有防，防中有攻，两者是紧密相连和互相依存的。进攻是赢得胜利的有效途径，但进攻必须以防守为基础，防守不仅是减少失分的一个重要方面，也是得分的基础。除发球外，每发动一次进攻都是在防守的基础上进行的，没有防守，就没有进攻；而防守的目的是为了保证与实现进攻，片面地强调进攻或防守都是不正确的。因此，在训练和比赛中，必须贯彻攻防兼备、全攻全守的指导思想。

九、气排球战术的发展与演变

气排球比赛的战术形式和战术内容最初借鉴了室内六人制排球的战术体系与模式，但随着运动实践的积累与参与人群年龄段的拓展，竞赛规则与竞赛方法也产生了比较明显的变化，使气排球的战术指导思想与组合体系也得到了不断的丰富与革新。目前气排球战术呈现如下趋势。

（一）“个人全面”与“全攻全守”成为战术主体

气排球战术的进攻点大都在进攻线附近展开，要组织多种多样的战术，必须在个人技术和个人战术全面熟练掌握的前提下，通过一系列跑动，在进攻线前后的多个进攻点组成多种配合，全体场上队员前、后掩护，轮流进攻，使整体进攻战术发挥最大效益。同时，由于规则的不断修改，气排球比赛中的攻防力量趋于平稳，防守已成为掌握场上主动权或得分的重要方面。拦网是防守战术中的第一道防线。当前，“前高拦，后低防”已成为防守战术的发展新趋势。气排球比赛中，由于两米进攻线的限制，动作和力量受到一定影响，拦网时要充分利用高拦网拦死或拦起，并与后排防守一起加快拦、防反击的速度，使前后排形成有效的防守网络，获得最好的“全攻全守”攻防效果。

（二）“快速”与“多变”组成战术核心

首先，快速的进攻、快速的调整、快速的配合、快速的防守已成为当前掌握比赛主动权的重要手段之一。“快速”不仅要求队员个人动作反应快、肌肉控制能力强、队员间默契程度高，更重要的是建立在全队整体配合基础上的快，全队队员场上行动能力强，随场上情况变化而快速变化。其次，单一战术组合已不适应现代气排球运动的发展和要求，而多种战术方式的有效组合、创新及临场变化组合，使气排球运动充满了无限的可能，也展现出其无穷的魅力。

（三）合理、简练和实效为战术运用趋向

气排球战术组合和运用的最终目的是获得比赛胜利。在《气排球竞赛规则》的导向下，气排球比赛的竞争性日趋激烈，尤其是在青年组和大学生组的比赛中。在个人全面、全攻全守、快节奏、多变化的整体战术体系中，各种战术组合和运用都在朝着更为合理、简练、实效的途径发展，这已经成为制胜的重要手段。简练的战术配合，在时间上更节省，在速度上更快捷，在结果上更具实效。因此，合理、简练、实效的战术运用，已成为现代气排球战术发展的趋向。

第二节　气排球战术组成的基本方法

一、阵容配备

（一）阵容配备的概念和目的

阵容配备是参赛队根据比赛的任务、本队战术组织的特点及队员的身体情况，有针对性、合理地安排出场队员及位置分工，充分地调配力量，科学地组合人员的筹划过程。阵容配备要将全队的力量有效地组织起来，扬长避短，最大限度地发挥每一个队员的作用和特长，充分调动队员的精神力量和技战术水平，使队员更加积极主动地投入比赛中。

（二）阵容配备的原则

1. 择优原则

选择作风顽强、心理素质好、体能强、技术与临场应变能力强的成员组成主阵容，同时考虑到每个位置上替补队员的安排。

2. 攻守均衡原则

努力使各轮次间的攻守力量趋于均衡，尽量避免弱轮次的出现，以保证整体战术效应的稳定性和成效性。

3. 相邻默契原则

将平时合作默契的二传与攻手安排在相邻的位置上，使之能娴熟配合，产生良好战术效应。

4. 轮次针对原则

根据对方队员的位置，轮次安排有针对性。如拦网能力强的队员对准对方攻击力强的队员，以遏制对方的进攻；遇对方进攻强的轮次时，可安排发球攻击性强的队员发球，以破坏对方的一传，使对方难以组成进攻战术，取得先发制人的效果。

5. 优势领先原则

轮次的安排要注意发挥本队的优势。如把攻击性强的队员安排在最得力的位置上；把发球最强的人安排在最先发挥其优势的位置上，争取开局的主动，鼓舞本队士气。

（三）阵容配备的基本形式

1. 五人制阵容配备的基本形式

（1）“四一”配备。由四名进攻队员和一名二传队员组成（见图3－2－1）。其特点是二传与攻手分工明确，进攻点较多，进攻战术富于变化，全队只要适应一名二传队员的技术特点，相互间的配合更为默契，有利于教练员对比赛的指挥与控制，队员领会与执行战术意图。不足之处：对二传的体能及分配球的能力要求较高；二传插上后，出现后排防守薄弱问题。因此有些队伍会培养接应二传代替其中一名攻手的位置，以弥补后场防守与调整球的问题。

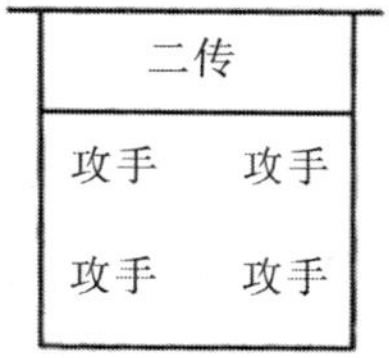

图3－2－1　“四一”配备

（2）“三二”配备。由三名进攻队员和两名二传队员组成。又可根据二传的站位分为两种阵型：其一为二传站于前排3号位和后排5号位（见图3－2－2）；其二为二传站于前排3号位和后排1号位（见图3－2－3）。这种阵型在五人制中采用较多，特点是二传与攻手的数量及站位分布比较合理，每个轮次均能保证有一名二传队员，且前后场均有二传可以调整球，保证了多点进攻，战术配合较稳定。不足之处：会出现两名二传同时在前、后场区的情况，进攻点减少，降低了本方进攻实力。理想阵容：二传队员具有较强的进攻和拦网实力。

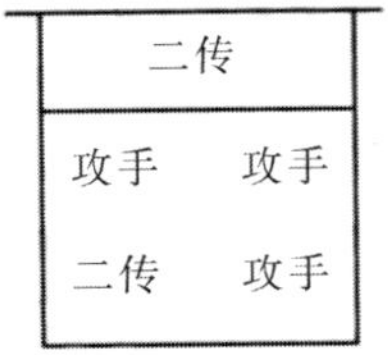

图3－2－2　“三二”配备（一）

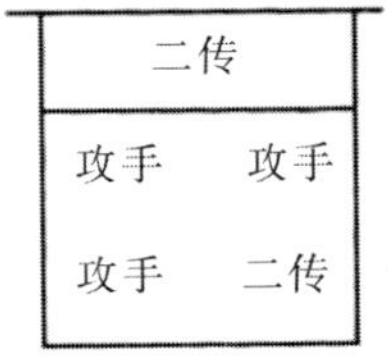

图3－2－3　“三二”配备（二）

2. 四人制阵容配备的基本形式

(1)“三一”配备。由三名攻手和一名二传队员组成，其中有一名或为接应二传（见图3－2－4）。这种阵型特点与五人制的“四一”配备比较接近，虽然场上人数减少使队员间的跑动换位相对容易，但对形成专为攻防布局所需的时间、位置要求更高，在速度变化时每名队员负责的区域也相对变大，增加了一定战术配合的难度。由于场地小、球速快，后排插上二传优势不易得到体现。

(2)“二二”配备。该阵型由两名二传队员与两名攻手组成，各轮次二传与攻手配置均衡，在两名二传具备一定的扣球、拦网实力前提下，可以打出多点进攻战术（见图3－2－5）。这种配备形式较容易掌握与应用，在高水平的气排球比赛中经常采用。

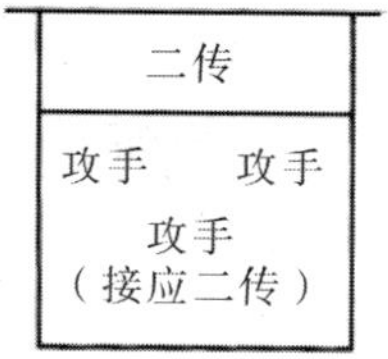

图 3－2－4　“三一”配备

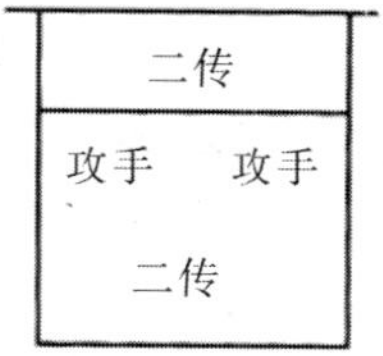

图 3－2－5　“二二”配备

二、交换位置

（一）交换位置的概念与目的

概念：指在规则允许下，通过交换场上队员的位置以达到实现专位攻防的布局。

目的：积极主动弥补阵容配备上的某些缺陷，便于攻防战术组织，发挥攻防优势，实现专位攻防，从而扬长避短，最大限度地发挥每个队员的特长，保障与提高攻、防战术的质量。

（二）交换位置的方法

1. 前排队员的换位

（1）为了便于组织进攻战术，把二传队员换到前排中或前的位置上。

（2）为了保证和加强进攻力量，把进攻力量强的队员换到便于扣球的位置上，如右手扣球队员换至前排左的位置，左手扣球队员换到前排右的位置，扣快球的队员换到中间位置上。

（3）为了加强拦网，控制对方的重点进攻，将身材高大或弹跳力好、拦网能力强的队员换到前排中的位置或与对方主攻队员相对应的位置上。

2. 后排队员的换位

（1）为了发挥个人特长，后排队员各自换到自己熟悉的防守区进行专位防守。

（2）为了在比赛中便于运用行进间“插上”战术，把二传队员换到后排右或后排左的位置上，以缩短插上时的距离。

（3）根据临场情况，把防守能力强的队员换到防守任务较重的区域，防守能力弱的队员换到防守任务较轻的区域。

3. 前后排队员的换位

主要是后排二传队员插上。可从 1 号位插上到 2 或 3 号位之间的位置，准备做二传。前排 2、3、4 号位队员（五人制）或 2、3 号位队员（四人制）则后退，准备接球或进攻。

（三）交换位置时应注意的事项

一是换位前的站位，既要防止“位置错误”犯规，又要考虑缩短换位距离。

二是当发球队员击球后，即开始换位，应力求迅速地换到预定位置，立即准备下一个动作。

三是在对方发球时，应首先准备接对方的来球，然后再换位，避免造成接发球混乱。

四是换位时，队员之间要注意配合行动，防止互相干扰，做到互相弥补。

五是换位后，当该球成死球时，应立即返回原位，各自做好下次接球或进攻的准备。

三、信号联系

为了统一行动目标，完成集体战术配合，根据本队情况，由教练员和运动员共同制定一种行动信号。气排球战术中常见的信号联系方式有语言信号联系、手势信号联系、落点信号联系、仪态信号联系与综合信号联系。

第三节　气排球个人战术

个人战术是指在集体战术的基础上，队员根据个人特点和整体战术的需要，灵活运用个人技术的变化，以达到完成有效进攻与防守的目的。

一、发球个人战术

（一）指导思想和基本任务

1. 指导思想

发球技术不受对方和同伴制约，也不需集体配合，全凭个人技术运用，所以要有“以我为主，先发制人，突出性能，胆大细心，稳中有变”的思想，充分展现个人的战术意识与能力。

2. 基本任务

充分观察和分析对方具体情况，有针对性地采取不同的发球战术，保证发球的攻击性与准确性，以增加对手接发球的难度，破坏其一传的到位率，从而取得先发制人的效果。主要要做到以下几方面：一是正确评估自身的体能与技能状态、自身的发球特点和发球当时的心理状态，充分发挥个人的发球技术水平，避免出现失误，在保证成功率的前提下完成各种发球战术；二是认真观察场上情况，了解对方接发球的弱点，出其不意攻其不备；三是看清对方接发球站位、轮次特点，思考其可能运用的进攻战术，尽量做到扬长避短；四是预估自然条件如阳光、风向对发球的影响。

（二）常用的发球个人战术

1. 加强发球的性能

改变发球力量、速度、弧度以及旋转与飘晃等性能，以达到直接得分或破坏对方进攻的目的。

2. 控制发球的落点

（1）将球发到两个队员之间的连接区或边线及后场短线附近，增加接发球到位难度。

（2）将球发给对方参加进攻的队员，落在该队员的前、后、左、右，迫使其先接球，破坏进攻的流畅性。

（3）将球发给对方二传或落在该二传跑动的必经线路上，迫使其接球，以破坏对方进攻节奏。

（4）将球发给垫传技术差、情绪急躁、精力分散或刚上场的队员，造成对方接发球失误。

3. 改变发球的方法

（1）改变发球的位置。一是变换发球的垂直站位，可站在距端线近、中、远距离位置发球；二是改变发球的左右站位，可选择站在端线外的左半区、右半区或中部位置，以发出不同性能和不同落点的球。

（2）改变发球的弧度。发球时，给予球上旋或左旋、右旋，改变飞行弧度，降低对方一传到位率。如上空没有障碍物，可以发高吊球，利用球体下降时产生的重力加速度，使对方产生不适。

（3）改变发球的速度。采用击球点高、距网近、速度快的飘球、跳发球或勾手大力发球，达到先发制人的目的。或采用高弧度、慢速度的发球，利用速度变化造成对方的不适应。

4. 改变发球的攻击性和准确性

（1）如本方得分难、比分落后较多或遇到对方进攻强的轮次等情况时，可采用加强进攻性的拼发球战术，以改变本方落后状况。

（2）如本方领先较多，亦可采用攻击威力大的发球，以扩大战果。

（3）如本方发球连续失误或对方暂停、换人后，以及对方处于进攻较弱的轮次或接发球连续失误时，应注意发球的准确性，避免失去得分机会。

（4）如比赛处于关键时刻，特别是在决胜局时，发球更要注意准确性，不要做无所谓的失分。

二、一传个人战术

（一）指导思想和基本任务

1. 指导思想

一传是保障本队组织合理有效进攻的基础。运动员必须树立“自信果断，注重预判，移动及时，准备充分，接球稳准，送球到位”的思想。

2. 基本任务

气排球具有自身器材轻、飘，受力易产生形变的特性，给一传造成了一定的困难，因而需要队员在避免失误的前提下，合理全面地运用垫、传、挡、捧、拨等击球动作将来球接起，灵活调整与控制一传球的方向、弧度、速度与落点等，有效配合本方的组织进攻。

（二）常用的一传个人战术

一是组织快攻战术时，如本方快攻队员来得及进行快攻，一传的弧度要低平、速度稍快，以加快进攻的节奏；如果来不及，则应提高一传弧度。

二是组织强攻战术时，一传的弧度略高些，为二传队员创造便利条件。

三是前场区队员一传时，力量不宜过大，弧度稍高，后排队员则正好相反。如来球力量不大，可用上手传球、插托击球或单手掌托球起球。

四是当对方第三次传垫球过网时，一传可用上手传球，以便更准确地组织快速反击或直接传给扣球队员进行两次球进攻。

五是如发现对方场区有较大的空当或对方队员无准备时，在球低于球网时，一传可直接用传、垫、扒等动作把球击向对方。

三、二传个人战术

（一）指导思想和基本任务

1. 指导思想

二传是进攻的组织者，球队的灵魂。优秀的二传手能为球队组织更多的进攻战术。“预先观察，快速移动，给球到位，灵活多变”是一个优秀二传必须具备的素质。

2. 基本任务

二传个人战术主要目的是合理有效地分配球，为本方队员创造有利的时空进攻条件，并突破对方的拦网以完成各种进攻战术。受规则的影响，气排球二传球组织进攻的落点区域相对集中于中后场区，为了有效地突破对方的拦网，在二传个人战术方面更强调了对空间、时间以及动作上的变化，应当利用各种击球动作变化二传球出手的快慢、高度与弧度，充分利用球网与球场的纵深区域，尽量避开对方拦网强的区域以达到预期的战术目的。

（二）常用的二传个人战术

一是根据本方队员的特点和布局情况进行合理的分球，如采用集中或拉开、中网或远网，弧度高或弧度低等传球技术。

二是根据对方拦网的部署，与进攻队员在时间和位置上进行协调配合，合理选择拦网的突破口，造成以多打少的局面。

三是根据本方扣球队员的不同起跳时间，采用升点或降点的传球、声东击西的隐蔽动作和假动作等给予配合，以打乱对方的拦网布局。

四是根据本队一传的情况，如到位球或不到位球、高球或低球、冲网球或远网球等，合理运用传球技术组织各种战术。

五是根据对方防守队员的站位，在有利于自己的情况下，突然将球直接传入对方空当。

四、扣球个人战术

（一）指导思想和基本任务

1. 指导思想

合理助跑取位，落点观察细致，手法稳中有变，下手准确有效，积极配合保护。

2. 基本任务

扣球个人战术要求进攻队员根据对手拦网和防守情况，合理选择与变化扣球技术和路线，以有效突破对方的防御体系。气排球网高及扣球动作的限定使拦网方占据相对有利的局面，这也要求进攻者必须要提高自身的扣球技术能力及临场战术应变意识与能力。

（二）常用的扣球个人战术

1. 线路的变化

（1）扣球时采用直线和斜线相结合、长线与短线相结合。

（2）利用助跑线路和扣球线路不同的方向，迷惑对方拦网和防守队员，如直线助跑扣斜线，斜线助跑扣直线。

（3）针对防守技术差和意志不顽强的队员扣球，或扣向对方空当和防守薄弱的区域等。

2. 动作的变化

（1）运用转体、扣腕的扣球技术，突然改变扣球方向，避开对方拦网。

（2）运用超高手点扣球技术，从拦网人手上进行突破进攻。

（3）选用正面扣球变为勾手扣球动作，造成对方拦网判断失误。

（4）利用突然的两次攻或一次攻，造成空网或一对一进攻的有利局面。

（5）高点平打，造成球触拦网手后飞向后场区远端或造成两侧打手出界。

（6）突然用单脚起跳扣球，使对方来不及拦网。

（7）有意识提早或延迟扣球时间，使对方难以掌握拦网的起跳时间。

（8）运用轻扣球或吊球技术，使球随拦网队员一同下落，增加拦网队员自我保护球的难度或使球落在对方网前或拦网队员的身后。

五、拦网个人战术

（一）指导思想及基本任务

1. 指导思想

冷静判断，快速移动，适时起跳，手型合理，隐蔽拦死。

2. 基本任务

根据对方扣球的情况，判断对手的进攻时机、路线与动作，利用时间、空间等变化因素采用不同手法，达到阻拦对方进攻的目的。尤其要重点拦防对方进攻威胁性大的队员，保护本方防守薄弱的区域。

（二）常见的拦网个人战术

一是采用拦直线位置起跳向侧伸臂拦斜线，或在拦斜线位置上起跳拦直线的方法。

二是改变空间拦网手的位置。如在空中拦直线时突然移动手臂改为拦斜线等。

三是制造假象。如有意露出中路空当，引诱对方扣中路，当对方扣球后即突然拦对方中路球，使对方受骗。

四是在发现对方要打手出界时，可在空中及时将手撤回，造成对方扣球出界。

六、防守个人战术

（一）指导思想和基本任务

1. 指导思想

防守必须“判断准，移动快，多路拼抢，每球必争”。

2. 基本任务

队员在防守时，需选择最有利的位置，采取合理的接球动作，按战术要求防起球。必须在具有拼搏精神的同时，善于观察，根据对方的进攻和本方拦网的情况，作出准确及时的判断，并采取相应措施。

（二）常用的防守个人战术

一是根据对方二传的方向和落点，迅速地作出判断，并立即移动到相应的位置正对来球，准备接球。

二是在选择前、后位置时，应根据对方二传与网的距离和扣球队员击球点的高低来判断。如球离网较近，无人拦网时，防守取位可向前；如球离网较远，则防守取位可向后。

三是选择左右位置时，主要根据对方扣球队员的助跑线路、起跳点以及人与球保持的关系来判断。一般而言，防守位置应取在对方扣球队员和球连线的延长线处。

四是根据对方扣球的特点，采取相应的防守行动：如只扣不吊时，则取位靠后；如对方打、吊结合，则要随时准备向前移动；如对方只扣斜线，则要放直防斜。

五是根据本方前排队员拦网的情况，主动选择防守位置加以配合和弥补，重点防守前排拦网的空当。

第四节　气排球集体战术

一、气排球集体战术的概念

集体战术是指运动员在比赛中，为突破对方防守或遏制对方进攻，灵活地运用合理的攻防技术，并按照一定的形式所采取的有组织、有目的、有针对性的集体配合行动。

二、气排球集体战术的分类

（一）进攻战术

根据二传队员的位置分成3种阵型。

1. 前“中二传”进攻阵型

是指由一名前排二传队员在前排中位置传球，将球传给其他队员进攻的组织形式。

2. 前“边二传”进攻阵型

是指由一名前排二传队员在前排边位置传球，将球传给其他队员进攻的组织形式。

3. 后“插二传”进攻阵型

是指后排二传队员插上到前排进行传球，将球传给其他队员进攻的组织形式。

（二）防守战术

1. 接发球防守阵型

根据接发球的人数分成3种接发球阵型，即4人接发球（五人制）、3人接发球（四、五人制）、2人接发球（四人制）。一般五人制采用4人接发球阵型，四人制采用3人接发球阵型。

2. 接扣球防守

根据参加拦网人数分为无人拦网下的防守阵型、单人拦网下的防守阵型、双人拦网下的防守阵型、三人拦网下的防守阵型。

3. 接拦回球防守

接拦回球防守阵型，应根据本方的进攻战术和对方拦回的情况，以及参加防守的人数来确定。接拦回球一般采用4人、3人等阵型。

4. 接传、垫球防守

接对方传、垫过网的球，应根据其运用的时机、条件以及来球性能的差异，可采用4人、3人接球阵型站位。

三、气排球集体战术的运用

（一）进攻战术的运用

1. 进攻阵型

（1）五人制。

①“中二二”进攻阵型（见图3－4－1）。五人制气排球

战术中最简单、最基础的一种进攻阵型，是其他四名队员将球送至前排二传队员，由其在3号位位置传球，将球传给前场两名队员和后排两名队员进行进攻的组织形式。

优点：场上二传队员比较明确，攻手多，进攻点多；二传在场上移动距离以及传球距离短；利于组织进攻，一传目标明确。

采用“中二二”进攻阵型时应注意两点：第一，当二传队员轮换到4、2号位时，应采取换位的方法，把二传队员换到中间位置，以便于组织进攻。第二，3号位二传队员如果向两边都采用正面传球时，可以居中站位；如果二传队员利用正面长传或背后短传时，站位可偏近2号位区。

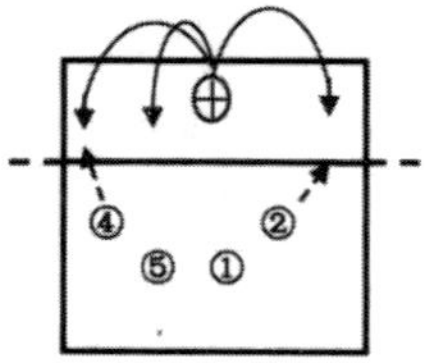

图3-4-1 “中二二”进攻阵型

②“边二二”进攻阵型。是由前排边位置队员担任二传，其他四名队员将球送给他，由其将球传给其他队员进行进攻的组织形式。

优点：二传队员明确，传球与进攻配合空间比较大，进攻点多，便于组织不同的进攻战术打法。

不足：由于二传在场上移动距离以及传球距离比较长，对二传队员的传球能力要求相对较高。

采用“边二二”进攻阵型时应注意以下两点：第一，二传队员必须主动换位到易于传球的位置上，以便于组织进攻。第二，二传队员如果组织二传背后的进攻战术打法，站位可以靠近中场，如果组织二传前的进攻战术打法，站位可以靠近边线位置，从而为攻手提供比较大的进攻跑动空间。

③后“插二传”进攻阵型（见图 3－4－2）。是指后排队员插上到前排 2 号或 3 号位担任二传，将球传给其他扣球队员进攻的组织形式，这种阵型多被高水平的球队所采用。

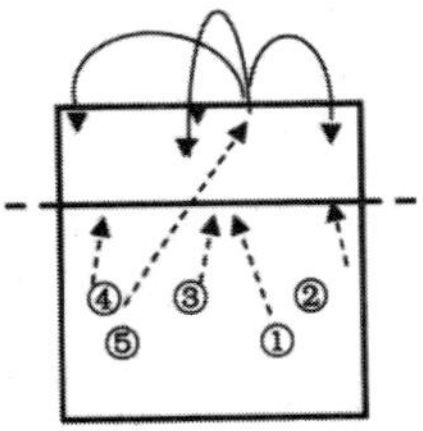

图 3－4－2 “插二传”进攻阵型

（2）四人制。

①“中三”进攻阵型（见图 3－4－3）。

基本配合方法：由前排 3 号位队员站在前场区中间担任二传，其他三人将球传（托或垫）给二传队员，再由二传队员传给场上队员的进攻。“中三”进攻战术是四人制比赛进攻战术中最基础和简便的一种进攻战术形式。运用过程中，当二传队员轮转到 3 号位时，可采用换位的方法跑到 2 号位。

特点：配合简单，便于组织进攻，但突然性、隐蔽性不强，易被对方识破。多为水平较低，并未掌握复杂进攻战术的队。

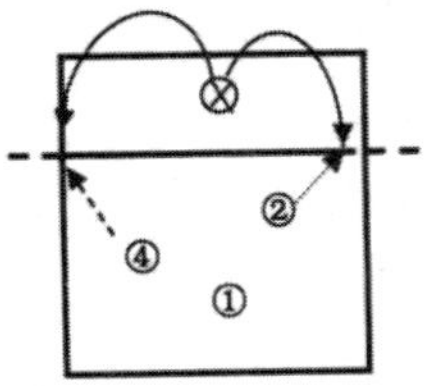

图 3－4－3 “中三”进攻阵型

②“边三”进攻阵型（见图 3－4－4）。

基本配合方法：由前排 2 号位队员担任二传，其他三人将球传（托或垫）给二传队员，再由二传队员将球传给场上队员进攻。如果二传队员在 3 号位时，可采用换位方法跑到 2 号位。

优点：由于二传站在 2 号位偏中位置，一传目标清楚，同时有 2 到 3 名进攻队员位置相近，可以互相掩护、互相配合，充分利用前场区的空间，组织更多的快速有效的进攻战术。

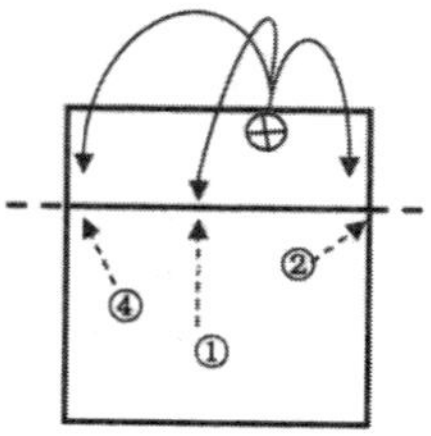

图 3－4－4 “边三”进攻阵型

2. 进攻打法

（1）强攻。

强攻指在没有同伴掩护而对方有准备拦防的情况下，强行突破的进攻。强攻的二传球较高，根据不同的二传球位置，可以分为集中进攻、拉开进攻、围绕进攻、调整进攻等。

①集中进攻：进攻队员扣二传队员向后排左或后排右传出弧度较高、落点较集中的球，称为集中进攻。这种打法由于难度小，便于扣球队员助跑和挥臂扣球，一般适合初学者和水平较低的球队。

②拉开进攻：进攻队员扣二传队员传到后排左或后排右在标杆附近的球，称为拉开进攻。这种打法充分利用网长，能扣直线和小斜线。既利于避开拦网，也便于打手出界。

③围绕进攻：进攻队员从二传队员身后绕到前面扣球，称为前围绕进攻；进攻队员从二传队员前面绕到身后扣球，称为后围绕进攻。围绕跑动换位的目的是为了充分发挥进攻队员扣

球特长和避开对方的拦网。

④调整进攻：当一传不到位，球的落点离进攻线较远时，由二传队员或其他队员将球调整到进攻线后的扣球进攻打法称为调整进攻，这种打法在防守反攻中运用较多，是得分的重要手段之一。

（2）快攻。

快攻指各种平快扣球及以平快扣球掩护同伴进攻或自我掩护进攻所组成的各种快速多变进攻战术的总称。快攻是我国排球的传统打法，具有速度快和掩护作用强的特点，能在时间和空间上发挥优势，有效地突破对方的防御。可以分为平快球进攻、快球掩护进攻两类。

①平快扣球：是指在拉开进攻的基础上加快进攻速度的一种扣球进攻打法，即二传传球低或平，与扣球队员的配合节奏快，从时间上造成对方拦网的困难。

②掩护进攻：一名进攻队员利用各种快球进行佯攻掩护，然后二传队员将球传给其他进攻队员扣球进攻的进攻打法。快球掩护进攻能帮助其他进攻队员摆脱对方集体拦网，造成以多打少甚至空网进攻的机会。气排球中常用的掩护进攻方法有交叉进攻、梯次进攻和立体进攻。

掩护进攻要求：佯攻队员积极跑动进行掩护，二传队员灵活机动进行传球，扣球队员则全力快速跑动实扣，虚实并举，才能起到更好的效果。

方法一：交叉进攻（见图 3－4－5）。一名进攻队员快球掩护，另一名进攻队员与其交叉换位后在二传身旁扣半高球。这种打法能造成对方两名拦网队员互相阻挡，突然性大，攻击性强，实用性强，所以运用较为普遍。

方法二：梯次进攻（见图 3－4－6）。一个队员做快球掩护，另一个队员在其身后扣距进攻线稍远的半高球。如3号位队员做快球掩护，4号位队员在进攻线附近切到3号位队员身后扣半高球。

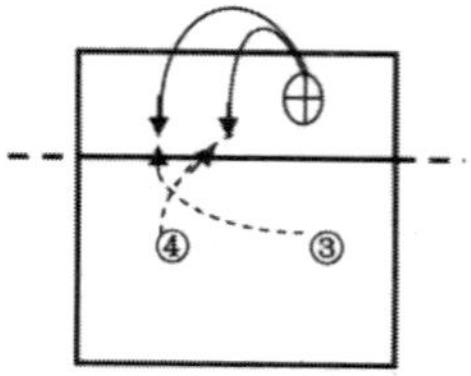

图3-4-5　交叉进攻

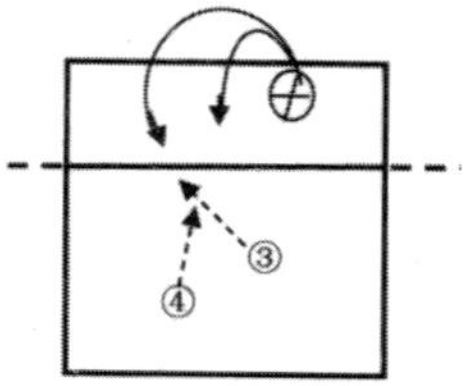

图3-4-6　梯次进攻

方法三：立体进攻。前场区队员在进攻线附近运用各种快攻战术的同时，后场区队员在进攻后稍远处起跳扣球，形成横向纵深的进攻区域。特点：突然性大，攻击力强，易突破退防拦防，是气排球比赛中战术运用的特色之一。

（3）两次攻。

两次攻包含两次球进攻及转移进攻。

两次球进攻：当一传球较高且落在进攻线附近时，二传队员或其他队员跳起直接进行扣球。这种进攻加快了进攻的速度，改变了进攻的节奏，使对方难以防守。

两次球转移进攻：即佯装进行二次攻将对方拦网骗起时，将球传给另一侧同伴进行进攻。这种战术打法主要是迷惑对方拦网，但由于这种战术对一传的要求较高，技术难度较大，一般在对方发球攻击性小、扣球威力不大或把球垫过来时采用。

（二）防守战术的运用

1. 接发球

当对方发球时，本方处于防守地位，也是组织第一次进攻的开始。事先站好位置，摆好阵型，是接好发球的基础。站位的阵型不仅要有利于接球，也要有利于本方所采用的进攻战术。同时，还要根据对方发球的特点，采取不同的阵型。

（1）五人制接发球阵型及其变化。

① 4 人接发球基本阵型。除 1 名队员站在网前或从后排插上准备二传不接发球外，其余 4 名队员均承担一传任务的接发球阵型。这种阵型有利于学习“中二二”“边二二”进攻阵型，是五人制气排球比赛最基本的接发球阵型，初级水平的球队应采用此阵型。

优点：队员均衡分布，每人接发球的范围相对减少；接发球时已站成基本的进攻阵型，组织进攻比较方便，适合接发球水平不太高的球队。

不足：后排二传队员从 5 号位插上时距离较长，难度较大，组织战术较难；队员之间的中间地带较多，配合不默契时容易互相干扰。

② 4 人接发球阵型的站位变化。

“一二二”站位：优点是均衡分布，每个队员接发球的范围相对减少；缺点是队员之间的交界点相应增多，队员配合不默契时，会出现互抢互让或前后排相互干扰的现象。

浅弧形站位：是对付大力发球和平冲飘球的有效形式。优点：由于落点集中在场地中、后区，接发球时 4 个队员浅弧形排开，左右距离较近，一人守一条线前后互不干扰，便于防守。不足：前场区空间较大，接网前球困难；要求接发球队员预判能力强，避免接可能出界的球。

③ 3 人接发球阵型。插上的二传队员与同列的前排队员均站在网前不接发球，其他 3 名队员站成弧形或“一”字形承担一传任务的接发球阵型。

优点：便于后排插上和不接发球的前排队员及时换位，不易造成队员之间接发球的互相干扰。

不足：要求3名接发球队员有较高的判断、移动能力和较好的接发球技术；要求不接发球的队员后撤参与进攻的时机和上前拦网的时机把握要准确，与其他队员配合默契，否则会出现队员挤碰，不能及时形成拦网的情况。一般为水平较高、战术意识较强的队伍所采用。

（2）四人制接发球阵型及其变化。

①3人接发球阵型。除前排二传或插上二传之外，其他3名队员站成弧形承担一传任务。

优点：有利于学习“中三”“边三”进攻阵型，不易造成队员之间接发球的互相干扰。3人接发球对每人对判断移动等能力要求较高。

②2人接发球阵型。这种站位要根据本队技术水平和战术需要而采用。由于每个场区只有两名队员接发球，要求一传队员具备较强的接发球能力。目前为水平较高、实力较强的队所采用。

2. 接扣球

接扣球防守是由前排拦网与后排防守组合而成。根据参加拦网人数分为无人拦网、单人拦网、双人拦网和三人拦网下的防守形式。不同形式的拦网各有利弊，高水平的球队必须熟练掌握相应的防守形式。组织接扣球防守阵型时，首先要针对对方进攻的特点和变化进行部署；其次要充分发挥本方队员的特长，合理地分配力量；同时还要结合本方防守后反攻战术的打法进行布防。

（1）无人拦网下的防守阵型。

无人拦网下的防守阵型是一种最初级、最简单的防守阵型，适用于初学者或在对方进攻无力时采用。其站位方法与4

人或 3 人接发球的站位基本相同，即二传站在网前，其他队员进行防守。

①五人制无人拦网下的站位方法：采用“中二二”进攻形式时，二传队员在 3 号位网前，2 号位和 4 号位队员后撤参加中场区防守，其他队员在后场防守；采用“边二二”进攻形式时，二传队员在 2 号位网附近，3 号位和 4 号位队员后撤防守前场区，其他队员防守后场区。

②四人制无人拦网下的站位方法：采用“边三”进攻战术时，二传队员在 2 号位网前，3 号位队员后撤防守前场区，其他队员防守后场区。

（2）单人拦网下的防守阵型。

这种阵型一般是在对方进攻威力不大、路线变化不多、轻打吊球较多时，或因受对方战术迷惑，来不及组织集体拦网时采用。优点是增加了后排防守人数，便于组织反攻；缺点是当对方攻击力较强时，单人拦网力量薄弱。这种防守阵型有两种情况：一是由前排与扣球队员位置相对应的队员拦网，其他前排队员后撤与后排两名队员进行防守的人盯人防守阵型；二是只有前排二传队员跳起参与拦网，后排队员根据对方不同进攻点变换防守位置。

①五人制单人拦网下的防守阵型（见图 3－4－7）。对方 4 号位队员进攻，本方 2 号位队员拦网，3 号位队员后撤防吊球，4 号位队员后撤与其他队员形成半弧形防守圈，每人负责一个防守区城。

②四人制单人拦网下的防守阵型（见图 3－4－8）。一般由二传拦网，攻手后撤防守，这样方便二传组织以及攻手进攻。

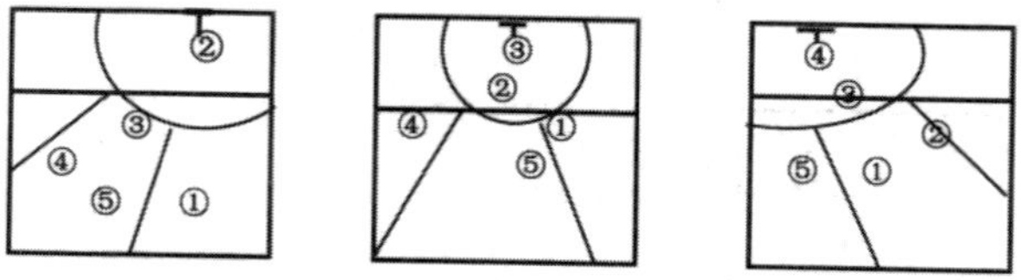

图 3－4－7　五人制单人拦网下的防守阵型

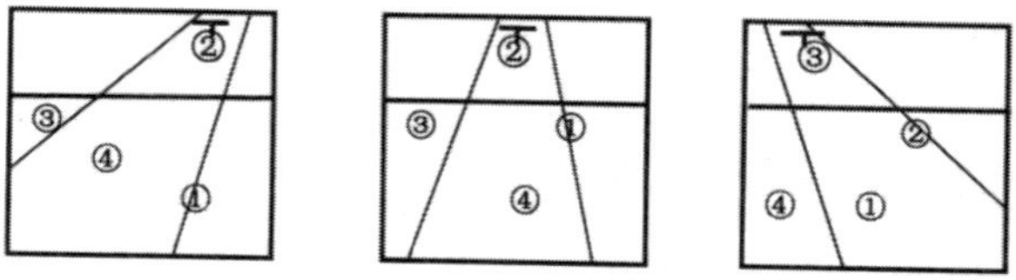

图 3－4－8　四人制单人拦网下的防守阵型

（3）双人拦网下的防守阵型。

当对方进攻威力较大、进攻路线变化较多、单人拦网不足以阻拦对方进攻时多采用双人拦网防守阵型。它是接扣球防守中最主要的战术阵型。是根据不同参赛人数、不同后排队员跟进防守的情况和前排不拦网队员的不同取位，双人拦网下的防守阵型。

防守阵型有以下几种。

①五人制双人拦网下的防守阵型（见图 3－4－9）。根据对手进攻点的不同，3 号位队员配合两边的前排队员进行双人拦网，另一名前排队员后撤与 1 号位和 5 号位两名后排队员组成防守阵型。当对方 4 号位进攻时，本方 3、2 号位队员组成双人拦网，4 号位队员后撤防 2 米线前的斜线吊球，1 号位跟进到拦网队员身后防吊球或前场区球，5 号位防后场球；如对方 2 号位进攻时，本方 4、3 号位队员组成双人拦网，5 号位队员跟进到拦网队员身后防吊球或前场区球，1 号位防后场球。

②四人制双人拦网下的防守阵型（见图 3－4－10）。根据对手进攻点的不同，两名前排队员进行双人拦网，后两名队员组成防守阵型。

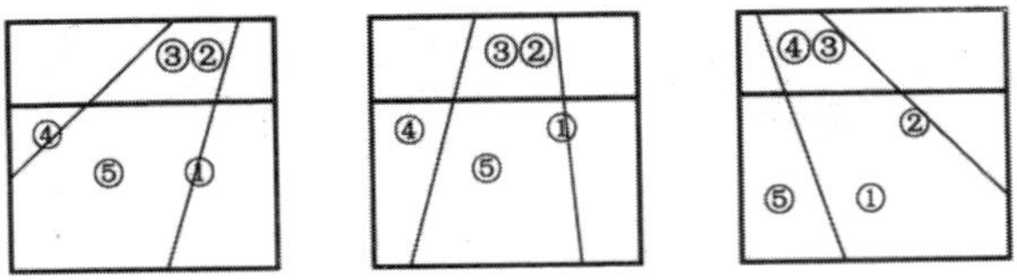

图 3－4－9　五人制双人拦网下的防守阵型

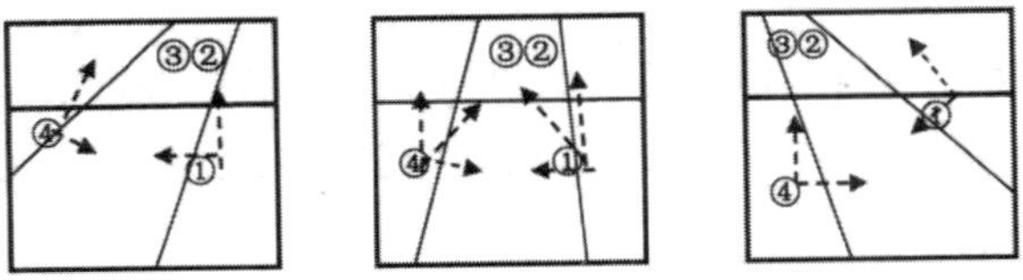

图 3－4－10　四人制双人拦网下的防守阵型

（4）三人拦网下的防守阵型。

这种防守阵型只存在于五人制比赛中，球队拦网技术水平高而队员身材高大的情况下使用。三人拦网防守阵型在对方扣球攻击性强、线路变化多、吊球少的情况下采用。三人拦网加强了第一道防线，但增加了后排防守的困难，对组织反攻也有所不便。根据对手进攻点的不同，前排 3 名队员组成三人拦网，两名后排队员组成防守阵型。

3. 接拦回球

接拦回球的防守是本方在扣球的同时，其他队员采取一种保护防守的方法。其防守阵型，应根据本方的进攻战术和对方拦回的情况，以及参加防守的人数来确定。本方扣球队员除注意自我保护外，其余队员必须对其加强保护，尽量组成多道保护防线，积极防起被拦回来的球，并及时组织继续进攻。要根据扣、拦的情况灵活采用不同的站位，但扣球点附近是接拦回球最集中、最困难的地区，应予以重点防守与保护。

（1）4 人接拦回球阵型及站位（五人制）。

4 人接拦回球一般采用“二二”站位。

示例一：当二传队员将球传给4号位队员进攻，由3号和5号位队员组成第一道防线，2号和1号位队员组成第二道防线（见图3－4－11a）。

示例二：当二传队员将球传给3号位队员进攻，由4号位和2号位队员组成第一道防线，5号和1号位队员组成第二道防线（见图3－4－11b）。

示例三：当一传队员将球传给2号位队员进攻，由3号和1号位队员组成第一道防线，4号和5号位队员组成第二道防线（见图3－4－11c）。

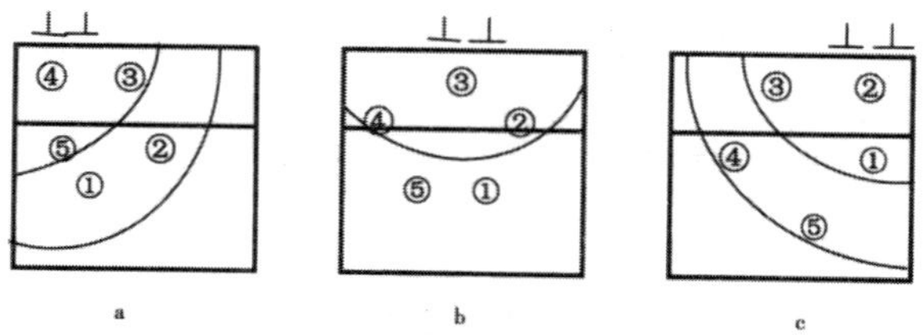

图3－4－11　4人接拦回球阵型及站位

（2）3人接拦回球阵型及站位（四人制）："二一"或"一二"站位。

示例一：当二传队员将球传给3号位队员进攻，则由2、4号位队员组成第一道防线，1号位队员组成第二道防线（见图3－4－12a）。

示例二：当二传队员将球传给4号位队员进攻，则由2号位队员组成第一道防线，1、3号位队员组成第二道防线见（图3－4－12b）。

示例三：当二传队员将球传给1号位队员进攻，则由2、4号位队员组成第一道防线，3号位队员组成第二道防线（见图3－4－12c）。

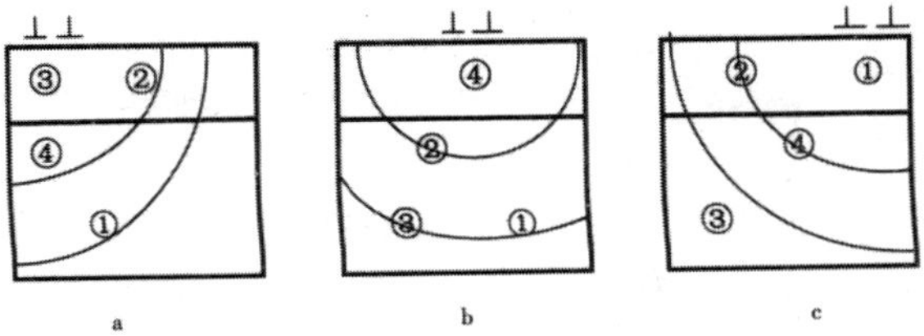

图 3－4－12　3 人接拦回球阵型及站位

4. 接传（托或垫）球

接对方传（托或垫）过网的球，根据来球情况、运用时机等，可采用 4 人或 3 人接球的阵型。一般有以下两种情况：

其一，当对方第三次无法组织进攻传球过网时，本方后场区二传队员应提前作出预判，及时插到网前，前排队员迅速后撤或换位，站成 4 人或 3 人接球阵型，组织 3 点（五人制）或 2 点（四人制）战术进攻。

其二，当对方一传或二传有意识将球突然传过网时，本方在接扣球的防守阵型的基础上，尽可能组织“边二二”（五人制）或“边三”（四人制）进攻战术，进行快攻战术配合。

（三）“四攻”战术系统及运用

气排球运动具有攻防紧密结合、攻守转换快的特点，除发球外，进攻总是在防守的基础上进行的。四攻系统包括接发球及其组织进攻系统（简称“一攻”，即接发球后第一次进攻）、接扣球及其组织进攻系统（简称“防反”，即接扣球防守后组织反攻）、接拦回球及其进攻（保攻）系统、接传（托或垫）球及其进攻（推攻）系统。

1. 接发球及其进攻（一攻）战术系统

这个系统主要包括一传、二传、扣球等环节。接发球及其进攻的基本任务是将对方发过来的球接起来，并尽量准确地送给二传队员来组织各种进攻战术。由于发球线路较长，接发球队员有较充裕的准备和判断时间，易控制球的速度和落点，便于组织各种快速多变的战术。

（1）接发球的基本要求。

①正确判断：应根据发球队员的位置进行第一次判断，以确定合理的取位。发球队员击球后，再根据其发球手法、球的飞行路线和性能进行第二次判断，及时移动，进行位置上的调整。

②合理取位：因发球过网后的距离、落点不同，故要进行合理取位。如对方发球弧度高、落点分散，接发球站位应前后分散，均衡站位。如对方发球速度快、弧度平、落点比较集中，接发球的位置要稍稍压后，队员前后靠近。在取位时，还应注意同排队员左右之间的位置和同列队员前后之间的位置关系，不要因为位置错误而失误。

③分工与配合：接发球时，每个队员都要明确各自接球的范围和任务，避免互抢、互让和相互干扰的情况发生。一般后排队员接发球的范围可相对扩大些，接发球技术好的队员分工范围可大些，反之可小些。当一人接发球时，其他队员特别是相邻队员应注意保护，随时准备接应。一旦球打手飞出界外、平冲入网或飞过球网时，其他队员马上采取相应的措施。相互保护和相互弥补既可减少失误，又可鼓舞士气。

（2）接发球进攻战术的运用。

在接发球战术应用中，强攻战术是基础，快攻战术是重点。比赛中，应根据队员的技术、战术水平以及临场的实际情况，合理地运用快攻、强攻、两次攻和立体攻战术，灵活组织多种多样的战术配合，给对方出其不意的攻击，以取得第一回合的进攻效果。

2. 接扣球及其进攻（防反）战术系统

接扣球及其进攻的过程包括拦网、后排防守、二传或调整二传、扣球等几个相互衔接的部分。其中拦网是第一道防线，后排防守是反攻的基础，二传或调整二传是组织反攻的桥梁，而反攻中的扣球是成败的关键。接扣球及其进攻的质量如何，是直接影响到能否得分的重要问题，因此接扣球及其进攻在比赛中占有更为重要的地位。

（1）接扣球的防守战术。

接扣球防守是由前排拦网和后排防守两部分组成的。有效的拦网不仅可以抑制对方的进攻，还可以直接拦死对方的扣球，起到进攻的效果。后排防守是前排拦网的后盾，起到保护拦网、弥补拦网的作用，把没有拦到的球接起来后，再组织进攻，所以只有前后排队员紧密配合，才能收到预期的防守效果。

①集体拦网：是在个人拦网技术的基础上进行二、三人的协同拦网配合。拦网配合的注意事项：组成集体拦网时，要以一人为主，另一人或二人配合其行动，防止各行其是；主拦队员要抢先移动，正确取位，以便同伴配合；起跳时相互之间要保持好距离，并控制好身体重心，避免相互冲撞或干扰；拦网队员在球网上空的手之间的距离既不能让球漏过，又要组成尽可能大的阻截面。

a. 双人拦网：双人拦网是集体拦网的主要形式。根据对方不同的进攻位置，双人拦网的具体分工也不同。

五人制：当对方从 4 号位组织进攻时，应以本方 2 号位队员为主，3 号位队员协同配合，组成双人拦网；当对方从 2 号位组织进攻时，应以本方 4 号位队员为主，3 号位队员进行协同配合双人拦网；当对方从 3 号位组织进攻时，应以本方 3 号位队员为主，4 号位或 2 号位协同配合拦网。

四人制：当对方从 4 号位组织进攻时，应以本方 2 号位队员为主，3 号位队员协同配合，组成双人拦网；当对方从 2 号位组织进攻时，应以本方3号位队员为主，2号位队员进行协同配合双人拦网；当对方从3号位组织进攻时，应以本方2号位队员为主，3号位协同配合拦网。

b. 三人拦网（五人制）：当对方进攻凶狠有力、吊球较少，或在某些轮次进攻异常顺利，采用双人拦网难以阻拦其进攻时，可以组织三人拦网。在组织三人拦网时，一般应以中间队员为主，两侧队员协同配合拦网。有时根据对方进攻的特点也可以以2号或4号位队员为主，另外两个队员协同配合拦网。采用三人拦网，加强了第一道防线，但增加了后排防守的困难，对组织反攻也有所不便。因此在比赛中应根据对方进攻的具体情况灵活采用。

拦网战术的变化：当对方进攻威力不大、路线变化不多时，一般多采用单人拦网；当对方进攻威力较大、打吊结合、战术灵活多变时，应积极组织双人拦网；当对方进攻凶狠有力、吊球较少时，可以灵活采用三人集体拦网。

②后排防守：后排防守是第二道防线，是组织反攻战术的基础，是关系到能否得分的重要问题。同时，后排防守还体现了一个队的精神面貌，能鼓舞士气、增强信心、激发队员的斗志。

后排防守应注意的事项：

a. 与拦网的配合。后排防守必须与前排拦网密切配合，互相弥补。一般情况下，拦网的主要任务是封住对方的进攻路线，后排的防守任务是堵住拦网的空隙和对方的次要进攻路线，以及防起对方的吊球或打手出界球。

示例一：对方主要进攻路线为直线时，本方应拦直线、防斜线。

示例二：对方中间队员进攻时一般有两条线，本方如拦直线，则应防转体、转腕斜线；如拦转体斜线，则应防直线。

b. 互相弥补和接应。后排防守中，当发现有队员判断行动失误时，其他队员都应做好接应的准备，主动采取弥补措施，抢救防起垫飞的球。另外，前排拦网队员落地后要及时转身接应后排防守起来的球，并立即转入反攻。

心理因素在后排防守中起着重要作用。因此，比赛中队员要树立必胜的信念，发扬勇猛顽强、不怕摔打的拼搏精神。同时，防守队员要互相呼应、互相鼓励，这样既能调节自己的情绪，使中枢神经处于良性兴奋状态，又能起到活跃场上气氛、鼓舞斗志的作用。

③防守各种进攻战术的布局及其变化：由于各种进攻战术的特点不同，因此在布防时既要考虑本方情况，又要考虑对方打法变化，灵活采用各种防守形式。

a. 防守强攻战术的布局及其变化。强攻战术主要是高点重扣、路线变化及远网调整扣球、后排进攻、超手扣球等方法的变换应用。为此，防守方靠近进攻点的前排队员，要根据对方二传球的落点和进攻队员的跑动路线，及时正确取位，与其邻近的队员应迅速移动、靠拢，组织双人或三人拦网。拦网时，要拦住扣球的主要路线。不拦网的队员要根据情况后撤，后排防守位置应在扩大防守面的前提下，与前排拦网紧密配合，相互弥补。

b. 防守快攻战术的布局及变化。快攻战术变化虽多，但发动区域大多在后排中和后排右的位置，因此拦网取位应向中间靠拢，在人盯人单人拦网的基础上，尽可能地组织双人拦网，如来不及组成双人拦网，应根据临场情况，前排不拦网的队员后撤防吊球，或与后排队员组成相应的防守阵型。

c. 防守“两次球及其转移”进攻战术的布局及其变化。

当对方“两次球”进攻时，四人制比赛一般采用单人拦网，五人制比赛一般由3号位队员往两边靠拢组成双人拦网，另一名拦网队员准备拦转移后的快攻或后撤防“两次球”吊球；五人制比赛中，如果进行“两次球”进攻的队员攻击性较差，也可采取单人拦网，另两名拦网队员准备拦转移后的快攻或后撤防“两次球”吊球。

（2）接扣球进攻战术。

接扣球进攻战术在比赛中出现的次数多，是得分的主要手段，对比赛胜负起着重要作用。进攻战术可采用接发球战术的形式，但运用时要复杂困难得多。接扣球进攻战术的运用能力，首先取决于拦网的效果和后排防守起球的到位程度，还要看二传队员的组织能力、其他队员调整传球的能力和扣球队员扣球、调整球的能力以及强攻能力与快攻意识等条件。接扣球进攻除直接拦死、拦回外，还有以下两种情况：

①触及拦网队员手后的组织进攻：在比赛中，球被拦起后落在本方场区的情况不少，而这种球的飞行很不规律，因此，要根据具体情况，灵活运用各种打法，组织进攻。前排拦起的高球，落点在前场或中场，可由扣球队员本人或跟进保护队员将球传、垫给后排队员，组织“两次球”进攻，进行突然袭击。在一传到位的情况下可由跟进保护的队员“插上”组织进攻，接发球进攻时所运用的战术都可以采用。前排拦起的低球，速度快，落点远，球不易传，垫至网前，则要求二传队员和其他队员都积极准备，将球调整传给不拦网后撤的队员进攻。

②后排防起后的组织进攻：在前排没有拦到球时，主要靠后排防守起球组织进攻。当后排队员防守起球时，前排二传队员在拦网落地后，立即转身传球。其他队员要准备接应，离球最近的队员可作一传组跟进，当后推防起的球到位时，接发球

所运用的战术都可以采用。

3. 接拦回球及其进攻（保攻）战术系统

接拦回球及其进攻也称为“保攻”，既不同于接发球进攻，也不同于接扣球进攻，是一种自成体系的进攻形式。保攻系统包括保护、二传、扣球等环节。自从规则允许过网拦网后，拦网即由消极的防守转为积极的进攻。因此，球被拦回的次数不断增加。比赛中，接好被拦回的球，不仅可减少失分，并且能增强扣球队员的信心。

（1）接拦回球的特点和要求。

在扣球进攻的同时，本方其他队员需要采取一种防守阵型，以便有效地接起被拦回的球。由于攻、拦之间的攻守转换时间极为短促，而被拦回的球，其飞行路线多数成锐角反弹回来，其速度快、路线短、离网近、突然性大，所以除要求队员具备快速敏捷的反应能力和掌握多种多样的垫、挡、顶等防守技术外，还必须布置合理的防守阵型。防拦回球时，队员选择的位置应根据扣球的方向、路线、力量和击球点离网的远近，以及对方拦网的高度和手型而有所不同。但扣球点附近是接拦回球最集中最困难的地区，所以，这一地区应作为重点防守的地区。接拦回球的难度较大，能否完成保护同伴扣球的任务，对比赛的胜负有一定的影响。

（2）接拦回球的阵型及其变化。

接拦回球的阵型应根据本方的进攻战术和对方拦网情况以及参加防守的人数来确定。接拦回球时一般采用 4 人、3 人等阵型。

（3）接拦回球进攻。

接拦回球进攻比接发球进攻、拦起后进攻及后排防起后进攻的难度更大，要求更高，一般有 3 种情况。

①如拦回的球角度小、速度快、落点近网，则要求第一次击球时尽量将球垫高争取调整二传组织强攻扣球。

②如拦回的球速度慢、落点远网，则应有意识地将球垫给二传队员，组织各种进攻战术，或直接将球传给其他队员进行“两次球”进攻，或在第一次击球时直接扣球进攻。

③如拦回的球弧度高、落点在中后场，则应通过二传组织一系列的快攻战术或组织“两次球”的进攻战术。其进攻形式与接扣球进攻基本相同。

4. 接传、垫球及其进攻（推攻）战术系统

接传、垫球及其进攻，简称“推攻”。推攻即接对方没有组成有效进攻而推过来的球组织进攻，这个系统包括接对方垫过来的球、二传、扣球等环节。气排球比赛中，对方无法组织进攻，被迫将球传、垫过网的情况，不仅在较低水平的队中经常出现，就是在高水平的队比赛中也时有所见。这时，如果能抓住“机会球”，组织快变战术进攻，就能扩大战果，争取得分。如果掉以轻心，不仅会丧失良机，还会导致被动局面。因此，接传、垫球及其进攻也是不应忽视的一个环节，其进攻形式与接发球进攻形式基本相同。

（1）接传、垫球的特点。

在比赛中，以传、垫球方法击球过网，一般都是在不得已的情况下采取的。因此，接球的一方有较充裕的时间从容地将球传、垫起来组织进攻。但有时对方会有意识地利用各种方法给接球一方制造困难，如平传空当、垫高球、迫使二传队员接球等。其力量与速度虽不及扣球和发球，但落点刁、突然性大，也会使接球一方难以组织有效的进攻战术。

（2）接传、垫球阵型及其变化。

对方传、垫过网的球，根据其运用的时机、条件以及来球

性能的差异，可采用以下几种接球阵型和进攻战术打法。

①当对方一传将球垫飞，接应队员将球调整在中、后场附近，第 3 次无法组织进攻时，本方后排二传队员尽早插到网前，前排队员快速后撤或换位，可以采用 4 人或 3 人接发球阵型，尽量组织“两次球”进攻，机会合适时也可在第一次击球时直接扣球进攻。

②当对方二传将球调整到中场附近时，因高度限制，不能扣球时，常采用上手平传过网，并辅之找空当、弱点的方法。

③当对方一传或二传击球时，有意识地将球突然传、垫过网时，本方发球队员应迅速进入球场防守补位在接扣球防守阵型的基础上，尽可能组织“两次球”战术，达到出其不意的效果。

④当对方传、垫球落在本方前区时，前排队员也已经后撤，这时可组织“两次球”进攻战术。如对方传、垫球落在后区，前排队员能较充裕地后撤准备进攻，此时组织战术方法与接发球进攻战术相同。

第四章　气排球技战术教学与训练

第一节　气排球技术教学与训练

一、准备姿势与移动技术的教学与训练

（一）教学与训练难点

准备姿势的目的是为了迅速起动、快速移动接近球，为此必须根据预先判断做出各种准备姿势。对初学者来说判断十分重要，也是教学训练的难点。移动教学训练的难点是起动快慢，关键是准备姿势和起动的衔接。

（二）教学训练顺序

准备姿势和移动是气排球运动中各项技术的基础。在教学中应遵循由简单到复杂，由基础到结合各项技术的原则进行。

1. 准备姿势的教学

首先学习稍蹲准备姿势，然后学习半蹲和低蹲准备姿势。要与学习传球垫球技术的徒手动作练习结合进行。

2. 移动的教学

首先学习跨步、并步、滑步、交叉步，然后学习跑步和综合步。移动步法的练习，必须与准备姿势和制动的练习紧密结合，同步进行，并结合接发球、防守、保传、吊球、扣球、拦

网等技术运用进行。

3. 准备姿势和移动的练习时间

一般安排在训练课的准备部分，结合发展反应、灵敏、速度、协调等身体素质进行练习。

（三）教学训练步骤

1. 讲解与示范

（1）讲解。首先讲解准备姿势与移动在气排球比赛中的重要作用，再讲解动作要领、常见的错误动作及运用时机。讲解动作顺序应自下而上，即从脚和膝部讲起，然后讲解躯干、上体、手臂和头部的姿势，要突出不同步法动作的异同点。

（2）示范。既要做正面示范，也要做侧面示范。在做移动的示范时，向前后移动做侧面示范，向左右移动做镜面示范。准备姿势和移动也可以边讲解边示范，学习者边听边模仿做徒手动作。前后方向的跨步、跨跳步、后退步、跑步以侧面示范为主；左右方向的跨步、跨跳步、并步、滑步、交叉步以正面示范为主。

2. 组织练习的顺序

原地徒手模仿练习→徒手移动模仿练习→结合球的各种练习。

（四）练习方法

1. 准备姿势的徒手练习方法

（1）学习者试做准备姿势，教练员巡回检查纠正动作。旨在建立初步概念，体会完整动作。

（2）将学习者分成两排，面对面站立，一排做动作，另一排纠正对方错误，两排学习者互教互学。

（3）学习者看教练信号做动作。几个姿势交替练习，如此反复，教练随时纠正动作。也可以让一排学习者做，另一排学习者纠正其动作。

2. 移动的徒手练习方法

（1）学习者在教练引导下，徒手试做各种移动步法，体会完整动作。

（2）学习者由半蹲准备姿势开始，根据教练手势做各种步法的快速移动。手势幅度要大，手势换向由少到多，要求移动低、快，重心平稳，变向再起动和移动动作要按要领做练习，移动后保持好准备姿势。

（3）3～4 人一组，站在端线后，先做原地快速小步跑，听到教练口令后，快速起动冲刺跑 6 米或跑过中线。

（4）两人一组相对站立，一人随意做各种移动步法，另一人跟随做同方向的移动。

3. 结合球的练习方法

（1）两人一组，相距 2～3 米，做好准备姿势，一人向前、后、左、右抛球，人移动后把球接住再抛回，连续进行一定次数后两人交换。

（2）两人一组，相距 4～5 米，一人向前、后、左、右抛球，另一人移动对准球后用头将球顶回。规定完成若干次后互换。

（3）两人一组，相距 6～7 米，各持一球，两人同时把球滚向对方体侧 3 米左右处，移动接住后再滚给对方，如此往复进行。

（4）学习者面对教练站立，教练将球抛到其身前、身后或两侧，学习者快速向前或转身改变方向移动去接球。

4. 综合技术练习

在接发球、防守、保护、二传、吊球、扣球、拦网等技术运用中练习无球移动，结合击球移动，重点练习前后左右 4 个方向的移动和“米”字形 8 个方向的移动。进一步做防打手出界的不同方位有连续性动作组合练习。组合的前后项目环节要相关、实用，结合实战。组合动作由两个过渡到三四个项目环节。

（五）教学训练中应注意的问题

一是让学习者充分认识准备姿势和移动技术的重要性，发扬不怕苦、不怕累的精神，同时多结合短距离跑动或游戏的形式进行练习，以激发学习者的兴趣。还要经常强调保持正确的准备姿势，促使学习者养成良好的习惯。

二是多做视觉信号反应练习，培养视觉的观察判断能力。同时要把准备姿势、反应起动和各种移动步法及制动技术结合起来进行练习。

三是练习方法要多样化，避免枯燥。如采用对抗、竞赛、游戏等练习方式，激发学习者的学习兴趣。多结合球、场地和其他技术进行练习，增强学习者对各种不同的判断反应移动能力，并更加明确与不同技术衔接运用的要求。

四是加强腿部、腰腹力量的练习，特别要加强髋关节和脚步灵活性的练习。如多做距离 2 ~ 3 米的折返跑、变速跑和变向跑等练习。

二、发球技术的教学与训练

（一）教学与训练难点

1. 抛球

抛球是发好球的前提条件。教学中不仅要求学习者注意抛球的高度、位置，更要掌握抛球的方法。抛球方法一般是先把托球手掌置于腹前，抛球时，整个手臂向上伴送，将球向预定位置送去，尽量不使球旋转。发一般球和飘球的抛球高度、位置不相同，要提醒学习者加以区别。

2. 挥臂的轨迹和用力方法

不同发球方式不尽相同，受挥击用力方法和击球方法制约。上手发球的挥臂击球前一段轨迹是向击球臂前上方划弧形运动，发飘球的击球前后一段轨迹基本平行于地面做向前运动。上手发球要求整个手掌击球，打出上旋球，接触面积较大，要求手上的动作从下而上做鞭甩打击动作；发飘球要求击球面积小，作用力通过球体重心，要求手上动作由后向前做鞭甩打击动作。

3. 击球的手型

发球时要求以相应的手型击打球体，这也是发一般球和飘球的区别。发一般球要求五指张开，适度紧张，击球时手指与球自然吻合，手腕主动向前做推压动作使球呈上旋飞行。发飘球要求五指并拢，手腕稍后仰，用掌根或手掌部位击球。击球前，手臂加速挥摆，击球用力通过球体重心，使球呈无旋转轴的飘晃状态飞行。

（二）教学训练顺序

发球技术种类较多，技术动作难易程度差别较大，所以教学时应根据学习者性别、年龄及身体素质等情况来确定教学的先后顺序。一般情况下，对于女性而言，通常先教下手发球，后教正面上手发球，然后是正面上手飘球、侧旋球和大力发球等；对于男性而言，可先教正面上手发球，然后是正面上手飘球、大力发球、侧旋球等。

（三）教学的方法与步骤

1. 讲解与示范

（1）讲解。首先讲解发球在比赛中的作用及教授的技术动作名称和技术特点，然后讲解发球的准备姿势与抛球方法及挥臂与击球的手法，最后提出下肢与腰腹协调配合用力的方法，反复强调抛球是发好球的前提，击球是关键，手法是保证。

（2）示范。在发球区先做侧面的发球完整动作示范，然后再做正面、侧面的分解动作示范。正面示范主要看两脚站距、抛球方法，侧面示范主要看抛球方位、挥臂轨迹、击球手法、击球部位、两脚前后站距、下肢配合工作和击球时重心前移过程，加深学习者对发球技术动作的直观感受。

2. 组织练习的顺序

徒手模仿练习→抛球练习→击固定球练习→抛球与击球动作结合的练习→巩固和提高发球技术的练习→结合教学比赛的实战发球练习。

（四）练习方法

1. 徒手模仿练习

（1）徒手模仿发球挥臂动作和抛球动作，体会发球用力顺序和挥臂的轨迹，掌握正确的挥臂方向和速度。

（2）徒手做抛球挥臂击球动作练习，即做好准备姿势，左手前上置于击球点位置，右手做挥臂击球练习（即在左手掌上），体会击球手法和击球部位，练习抛球挥臂、击球动作的协调性。

2. 抛球的练习

（1）原地抛球手法练习。做抛球练习时，要求掌心向上平稳地托送球，练习正确的抛球手法，体会抛球的位置和高度。

（2）固定目标的抛球练习。每人一球站在网或墙边，利用球网或墙壁的适当高度作为标记，练习抛球的准确性。

（3）做抛球、抬臂和引臂的配合练习。体会抛球的位置、高度和振臂的连贯动作。

3. 击固定球练习

（1）模仿发球挥臂动作击固定球练习。即一人双手持球置于腹前或头上，另一人做挥臂击球练习（不要将球击出），体会击球部位和手法。

（2）击固定球或吊球练习。即一人将球按在墙上，一手挥臂练习击固定球或将球吊在空中，练习挥臂击球，主要体会挥臂动作、击球手法、击球点和击球部位。

（3）两人对击练习。3 人一组，甲持球，乙丙面对面站立，做好发球的准备姿势，同时做击球动作击甲手中的球，体会挥臂击球时手臂发力的肌肉用力感觉。

4. 抛击结合

（1）抛球与挥臂击球练习。结合抛球、引臂和挥臂击球的练习（不把球击出）体会抛球引臂和挥臂击球动作的协调配合。

（2）对墙或挡网做抛球与挥臂击球练习。体会抛球与手臂挥摆的配合以及击球手法的用力。

（3）两人站立两条边线上对发练习。体会挥摆路线与正确的击球部位；或两人隔网对发球练习，体会控制球的力量与弧度。

5. 巩固和提高发球技术的练习

（1）巩固发球练习。3 人一组，发球者与接发球者相距 6 米左右，另一人站在接发球者右前方做二传，3 人规定次数与组数交换。

（2）发球准确性练习。可将对方场区划分成左右或前后部分；或规定区域，进行点线（直线、斜线）结合的练习。

（3）发球攻击性练习。在准确性的基础上，降低发出球的弧度，加快发球速度，发力量重、飘度大的球，或向场地的“三角区”，1、5 号边角处做发球练习。

6. 在比赛的条件下提高发球技术

（1）3 人一组，轮流在 3 号位、2 号位扣球后，迅速跑到发球区发球。

（2）在前排拦网后迅速跑到发球区发球。

（3）发球后迅速进场防守。

（4）发球比赛。将队员分成人数相等的两组进行发球比赛，从统计看结果。

（5）在分组比赛或对外比赛中进行统计，检查发球结果。

（五）教学训练中应注意的问题

一是发球技术教学应遵循由易到难、由简到繁、循序渐进的原则，在教学顺序安排上通常是先教下手发球，再教上手发球，最后教飘球、勾手大力发球及其他发球技术。

二是教学中要抓住抛球动作与摆臂击球动作的协调配合，因为抛球是前提，击球是关键和难点。抓住抛球和击球这两个环节，强调抛球要平稳，挥臂动作迅速协调，击球准确。

三是在发飘球教学中，教练应简单讲解球产生飘晃的原因和在动作上与发旋球的区别，让学习者能主动思考发飘球的动作方法，体会击球用力的方向、手法和击球的部位。

四是在发球教学中，教练要合理安排教学与练习的时间，每次课应保持一定时间的发球练习。一般可安排在两个大运动量练习之间，或安排在课的后段进行。

五是在发球教学中，由于发球练习的形式比较单调，教练要不断变化练习的方法，提出具体要求，并将发球与接发球结合起来进行练习。

三、接球技术的教学与训练

（一）教学与训练难点

接球技术根据比赛的需要，可分为接发球垫球、接扣球垫球、接拦回球垫球和垫击二传球等。教学训练的突出难点之一是如何对付各种发球技术产生的接发球动作分化区别。不同发球技术基本可分为力量速度旋转型、一般飘球型、特殊飘晃型，要针对不同类型的发球进行不同的教学，有的放矢，帮助学习者把握不同接球方式的击球手型、击球点和击球部位。难点之二是快速移动后，对正来球插入球下的技术动作。要求在正确判断的前提下，早启动，采取适宜步法快移动，保证最后双臂插入球下。难点之三是垫击时手臂与地面的合理夹角，对不同发球的垫击有不同的垫击夹角。难点之四是手臂和身体的协调用力，这是影响手控球的关键环节之一。要求手臂垫击球后的微调通过腰和手臂的协调用力体现出来。这种微调效应必须通过大量的练习，形成良好的球感才可实现。气排球球体轻，手对球的控制能力更加重要。必须在教学、训练中通过不断的强化训练，逐步提高这种微调能力。

（二）教学训练顺序

接球技术种类多、运用广，因此教学中要根据学习者具体情况和动作的结构难度，先易后难地安排教学。一般教学顺序：正面双手垫球→体侧垫球→接发球→跨步垫球→半跪垫球→防吊球→防扣球→背向垫球→退让垫、单手垫、挡球—前扑垫球、倒地垫球、滚翻垫球、鱼跃垫球—垫球调整二传→垫球处理入网球、网前球→保接拦回球→吊、扣拦回球的自保垫球→拦飞、防飞的上挡球和单、双手垫球处理球。

（三）教学训练步骤

1. 讲解与示范

（1）讲解。教练首先讲解接球技术在气排球比赛中的作用、技术特点和动作要领。重点讲解手型、击球部位、击球点、手臂角度及身体上下肢的协调用力动作。

（2）示范。教练先做接球的完整动作示范，让学习者建立接球技术的完整动作概念。然后再进行分解示范，也可以边讲解边示范，正面与侧面示范要结合运用，让学习者加深印象。

2. 组织练习顺序

徒手练习→连续击球练习→对墙垫球练习→两人互动防守接球练习。

移动防守接球→接发球练习→接扣球练习→结合教学比赛及各种串联练习。

（四）练习方法

1. 徒手模仿练习

（1）手型练习。徒手模仿练习，教练及时检查并纠正错误动作。

（2）结合球的练习。

（3）连续击球练习。

（4）对墙练习。学习者每人一球，距墙 2 米处连续对墙击球。要求击球手型、垫击点和击球部位正确，用力协调，控制球能力强。

（5）两人一组击球互动练习。

2. 结合移动的垫球练习

（1）移动连续击球练习。每人一球，向左、向右、向前、向后移动击球。要求学习者在移动垫球时低重心移动正面垫球。

（2）2 人或 3 人一组，一人抛球，另一人或两人轮流向左、右、前、后移动击球。要求移动速度不宜太快，垫出的球要稍高，并控制好落点。垫球者尽量做到正对击球方向击球。

（3）3 人一组跑动击球或 4 人一组三角移动击球。要求击球人尽量移动到位，对正来球，把球准确击到位。

3. 结合接发球的击球练习

（1）两人一组，相距 7 ~ 8 米。先一掷一击练习，再过渡到一人下手发球或上手发球，一人接发球。要求接至假设的二传位置上。

（2）两人一组，相距 9 米，一发一垫，或 3 人一组，一人发球两人轮流接发球。要求发球要稳，然后逐步拉长发球的距离，增加发球的难度。

（3）3 人隔网或不隔网，一发一击一传练习。要求发球准，接发球者积极移动取位把球击到传球队员的位置上，传球队员再将球传给发球人。

4. 结合接扣球、吊球的垫球练习

（1）两人一组，一扣一防练习。要求接扣球者做好防守准备姿势，开始练习时扣球要稳，随着防守者逐步适应，可逐步增大扣球的难度。

（2）3 人一组，一扣一防一传练习。要求扣球队员扣、吊结合，防守队员相互配合、互相呼应、互相保护。

（3）轮流连续接扣球练习。由教练在网前扣球或在高台上隔网扣球。要求接扣扣球者在 5、1 号位连续接扣球练习。

（五）教学训练中应注意的问题

一是接球教学应在简单条件下进行练习，如原地徒手练习以及击固定球的练习。原地击一般弧度和落地比较固定的轻球，再进行移动击球练习。在学习者击球动作基本正确，能初步控制击球的方向和落点后，再逐步加大练习的难度。

二是发球、接发球是两个相联系的对立面，因此在教学与练习中应使两者紧密结合，互相促进，不断提高。接发球又是组织进攻的基础，应抓住控制球能力这个重点和难点反复练习，以提高手臂对球的控制能力。

三是在接扣球技术教学中，应强调做好防守的判断、准备姿势，加强起动和移动步法练习。要教会学习者观察和判断来球的方法，提高起动速度和移动取位的能力，防止只重视手法不重视步法的倾向。

四是随着垫击球技术的不断熟练，要尽量结合攻防战术进行练习。如在防守练习中，垫球与拦网、保护、调整传球和反攻扣球等技术串联起来进行练习，这样既能提高技术的运用能力，又能培养战术意识和同伴间的默契配合。

四、传球技术的教学与训练

（一）教学与训练难点

一是取位。二传取位是否得当是传球的基础。要做好这点取决于传球前准确的判断、快速合理的移动，因此必须重视步伐训练。

二是手型，手型在传球技术教学与训练中始终是要抓好的一个重点，也较难掌握，因为触球时手型正确与否直接影响手控制球的能力和传球的准确性，直接影响二传的传球质量。初学者只有掌握了正确手型才能保证正确的击球点和较好地运用手指手腕的弹力。

三是传球的高度、弧度、速度。各种战术球都有特定的高度、弧度、速度要求，二传用力要适宜。这就要求二传掌握不同二传球的概念，在传球时对球的用力和手控球能力强。而这些能力要建立在良好的球感基础上，良好的球感使二传传完球后手指有一个微调补偿作用，从而使二传同攻手的进攻配合相吻合。

四是二传与攻手主动配合默契问题。二传与攻手的默契是在长期的练习中产生的。二传手应主动运用技术，寻求与攻手的最佳配合。如通过提高击球点和降低击球点慢出球以及通过控制球的飞行速度、弧度、高度等手上动作，将二传与攻手的时间配合调整在最佳范围之内。

五是二传队员的视野。视野是二传队员必不可少的一项基本功。二传视野一般开阔的表现为：在场上能观察到扣球手的上步方向、时间和节奏及扣球手起跳腾空后的动作；较为开阔的队员除了上述表现外，还能观察到拦网队员的动向。如何扩大二传手的视野是教学训练的一大难点。在传球过程中，要求二传保持清醒的头脑。在移动取位传球的过程中，二传要善于运用及合理分配自己的主光和余光来观察传球目标及扣、拦队员动向。培养和开阔二传的视野，提高二传队员的意识很关键。

（二）教学训练顺序

传球技术动作方法较多，动作细腻，在教学安排中应作为主要内容，重点学习和掌握。教学时先学习原地传球，再学习顺网二传和移动中的传球，最后学习各种战术传球。具体顺序是：正面双手传球→顺网二传高球→向 4 号位调整二传球→背传高球→2 号位调整球→侧传→双手跳传→单手跳传、挡托、顶吊→处理网上球、网前球、入网球→传近体前快球→传小弧度短平快、直线短平快球→传平拉开球→传后排强攻球等。

（三）教学顺序步骤

1. 讲解与示范

（1）讲解。教练首先讲解传球技术在比赛中的作用，然后讲解传球技术的特点和动作要领。讲解内容的先后顺序一般是：脚的站法→下肢姿势→身体动作→手型→击球点→触球的部位→迎击球的动作用力方法等。

（2）示范。教练先做完整传球动作的示范，然后再做分解示范，也可以边讲解边示范，或重点示范传球的关键技术环节，也可结合正面示范、侧面示范进行教学。

2. 组织练习顺序

原地模仿练习→原地传球练习→移动传球练习→转方向传球练习→背传球练习→调整传球练习→跳传练习。

（四）练习方法

1. 徒手模仿练习

（1）原地模仿练习。徒手做传球准备姿势，听教练的口令依次做蹬地、展体伸臂期间动作练习。重点体会传击球前的准备姿势、身体协调用力的动作和传击球的手型。

（2）原地传球模仿练习。重点让学习者体会触球手型、击球点位置和身体协调配合动作及传球用力的全过程。

（3）两人一组，一人做好传球的手型，持球于脸前上方，另一人用手扶住球。持球者以传球动作向前上方伸展，体会身体和手臂的协调用力。要求另一人纠正持球者的手型及身体动作。

2. 原地传球练习

（1）每人一球，自己向前上方抛球；做好传球手型，在击球点位置将下落的球接住，然后自我检查手型。

（2）原地自传练习。要求把球传向头上正上方，传球高度离手 1 ~1.5 米。连续传 30 次为一组。

（3）对墙自传练习。要求距墙 50 厘米左右连续对墙自传球，体会正确的手型和手指、手腕用力的肌肉感觉。

3. 移动传球练习

（1）每人一球行进间自传球练习。要求传球手型正确，移动迅速，保持正面传球。

（2）每人一球向左、右、前、后移动传球练习。要求自传一次高球，再传低球，提高控制球的能力。

（3）两人一组，一抛一传练习。要求抛者向左、右、前、后抛球，传球者根据来球快速移动传球。

4. 背传球练习

（1）每人一球，自抛背传球练习。要求将球抛到头上，两手腕后仰，掌心向上依靠蹬地、展体、抬臂、伸肘动作把球传向后上方。

（2）3 人一组，背传球练习。3 人各相距 3 米左右，两边人抛球或传球，中间背传球。要求同上。

5. 调整传球练习

（1）两人一组相距 6 米在网前，用调整传球动作传高弧度球练习。要求利用伸腿、伸臂动作传球。

（2）移动调整传球练习。4 号位队员传一般球至 5 号位，5 号位队员传球到 1 号位，1 号位队员将其调整到 4 号位。要求依次循环练习。

6. 跳传球练习

（1）每人一球，对墙连续跳传球练习。要求掌握好起跳时机，在空中保持好身体平衡，靠快速伸臂动作将球传出。

（2）两人一组，连续面对面跳传球练习。要求同上。

（五）教学训练中应注意的问题

一是传球采用完整教学法，首先建立传球技术动作的完整概念。教学时，应先着重于手型、击球点和用力的准确与协调练习，然后逐步过渡到手指手腕的弹击和控制球的能力练习上。

二是教学中尽量采用触球次数多的练习，并在初学阶段就结合近距离移动的传球，以利于形成正确的击球点和手型，为进一步学习难度较大的传球打下良好的基础。

三是教学时自始至终要强调正确手型、正确的击球点和协调用力 3 个环节。同时还要注意指出典型易犯的错误动作，以便于在学习过程中进行正、误对比。

四是从心理学角度而言，初学者一般怕戳手，怕弧度高、力量大、速度快的来球。因此，要从解决手型入手，从易到难，循序渐进。多传近距离、低弧度和速度慢的球，避免学习者手指局部负担过重，减轻心理压力。

五、扣球技术的教学与训练

（一）教学与训练难点

1. 难点一

如何保持适宜的人球关系。这是扣好球的关键之一，其影响因素有助跑启动时机、起跳踏跳时机、步伐的调整等，需在教学中分别给予强调和重视。

2. 难点二

手控球技术及上旋球手法。手控球能力只有通过大量的练习才能提高。正确的上旋球手法可帮助提高手的控球能力，在教学中应注意强调手腕的放松与主动用力，手指与球的完全吻合和以及主动的包球压腕动作。

3. 难点三

在最高点处伸直手臂击准球。手击球瞬间要求伸直手臂以保持较高的击球点。一般要求躯干与手臂的夹角在160°左右，既可较好地发挥扣球力量，又可以保持较高击球点。

（二）教学训练顺序

正面扣球技术是其他扣球的基础，教学中应首先学习，在此基础上再学习其他扣球技术和战术扣球。具体顺序为：2、3、4号位扣一般高球→2、3、4号位扣一般弧度球→3号位近体快球→3号位短平快球→调整扣球。扣球技术比较复杂，初学时较难掌握，所以在教学时宜采用先分解再完整的教学法。将助跑、起跳和扣球挥臂环节分别进行学习，待学习者掌握后，再用完整教学法解决各技术环节的衔接，保证动作的连贯性和节奏性。

（三）教学训练步骤

1. 讲解与示范

（1）讲解。教练首先讲解扣球技术在气排球比赛中的作用、技术方法与动作要领。

讲解的要点：

①助跑：助跑的时机、步伐、速度、重心。

②起跳：起跳时机、方法，手臂同起跳的配合，踏跳的时机很重要，尤其要强调不同的扣球技术都有自己的起跳时机。助跑、起跳的讲解中要使学习者明确如何定方向、步调，调整最后一步的大小快慢、踏跳时间，这是保持好人球关系的关键。

③空中挥臂击球动作：挥臂击球的发力方法、手臂发力的顺序、挥击轨迹、伸直臂在最高点击球。要注意的是不同的扣

球技术有其特定的挥击动作方法，不能混淆。

④打上旋球手法：手腕在击球后必须有手腕的主动推压动作，使球呈上旋状态飞行。

（2）示范。教练首先做完整扣球技术的示范，让队员建立完整、直观的动作概念。然后做分解示范（可徒手，也可以结合有球），关键环节可慢动作示范，必要时也可边讲解边示范，重点突出动作要领。教练示范扣球时，力量要适当，动作要轻松效果好。要引导队员观察技术动作的结构，挥臂动作的发力，击球的手法，球飞行的路线、弧度和旋转等。

2. 组织练习顺序

助跑起跳练习→挥臂击球练习→原地自抛自扣练习→助跑起跳扣抛球练习→4 号位完整扣传球练习。

（四）练习方法

1. 助跑起跳练习

（1）原地双脚起跳练习。全体学习者听教练口令练习原地起跳技术。要求双脚蹬地力猛快速，两手臂配合划弧摆动起跳，顺势扣球手臂上举、后引，抬头，展腹，身体呈反弓形，落地时由双脚前脚掌过渡到全脚着地，屈膝缓冲。

（2）一步或两步助跑起跳练习。集体听教练口令做一步或两步助跑起跳。要求练习速度由慢到快，手脚配合协调，注意控制身体平衡。

（3）学习者分别站在进攻线后，听教练口令向网前做两步助跑起跳练习，在此基础上再学习多步助跑、变方向助跑和跑动起跳。要求学习者注意助跑起跳的节奏和起跳点位置的选择。

2. 扣球挥臂动作的击球方法和练习

（1）徒手模仿扣球挥臂练习。按规定的队形听教练口令做挥臂练习。要求挥臂放松自然，弧形挥动，有鞭甩动作。

（2）扣固定球练习。扣吊球。或两人一组，一人双手持球高举，另一人原地固定球。或自己左手举球，右手做挥臂击球练习。要求击球时全掌包满，做快速鞭打动作。

（3）自抛自扣练习。每人一球，距墙 5 米左右先抛一次扣一次，然后连续对墙扣反弹球，或两人面对相距 6—7 米对扣，也可在低网上自抛自扣等。击球力量不宜过大，动作放松。手腕有推压鞭甩动作，使击出的球呈上旋飞行。

（4）扣抛球练习。两人或多人一组，一人站在距墙 5 米处抛球，另一人或多人依次对墙扣抛球。在低网前的一抛一扣练习，或在低网前轮流扣教练的抛球练习要求抛球距离有近有远，弧度由低到高，扣球者选好起跳点，保持好击球点，挥臂击球手法正确。

3. 完整扣球练习

（1）扣球练习。扣球者每人一球，先将球传给前排队员，再由前排队员把球抛或传给扣球人，扣球者上步助跑起跳扣球。要求掌握好上步起跳时机，在空中保持好人与球网的位置关系。

（2）结合一传的扣球练习。接对方发的轻球，垫给二传，然后二传把球传给扣球队员，由扣球队员助跑起跳扣球。要求以中等力量扣球，注意正确的挥臂击球手法，选好击球点，防止触网或过中线犯规。

（五）教学训练中应注意的问题

一是扣球技术是学习者最感兴趣的技术，学习者的积极性都比较高，但他们的注意力往往会集中在扣球效果上，而忽视对正确扣球技术动作的掌握。在教学中应注意引导学习者掌握正确的正面扣球技术动作，为其他扣球技术的学习打好基础。

二是在扣球教学中，应重点抓好助跑起跳和正确的击球手法练习，解决好人与球的位置关系。初学时，应加强分解动作练习，并适时地与完整动作练习相结合。对于扣球技术的重要环节，必须进行反复、系统的强化练习。

三是在教学中，扣球教材的安排，尤其是上网扣球，最好安排在传、垫球技术练习之后。因为在扣球练习时学习者的积极性高，如安排在课的前段，会对其他技术的学习有影响。

四是初学者上网扣球时，应由教练或技术水平较好的学习者担任二传，以便使初学者掌握助跑起跳的时间和起跳点，尽快正确掌握扣球技术。

五是为了教学方便，对扣球教学练习的总体要求是：先徒手扣，后用球扣；先抛扣，后传扣；先轻扣，后重扣；先远网，后中网；先扣高球，后扣快球。

六、拦网技术的教学与训练

（一）教学与训练难点

拦网技术动作由准备姿势、移动、起跳、空中击球和落地5个部分组成。要拦住不同的扣球，在拦网移动之前必须判断对方扣球位置。要根据二传手传球的一些特点及扣球手的起跳点来选择拦网起跳点，要根据对方扣球人的击球动作来判断拦网的起跳时间及伸臂时间，整个拦网技术动作全过程都贯穿着判断。起跳时间是否适时是关系到能否及时起跳拦住对方扣球的关键。选择合适的起跳时间，不仅要根据自己的弹跳高度，还要对二传高度、距离、弧度、速度及扣球动作幅度大小、挥臂快慢作出判断。

（二）教学训练顺序

拦网技术教学，应在学习者初步掌握正确扣球技术之后进行。其教学顺序应是：先教单人拦网，然后再教双人和三人的集体拦网。拦网教学的重点是教单人拦网。拦网教学应采取分解与完整相结合的教法，首先学习拦网的手型和伸臂动作，再学习原地起跳的拦网动作，最后再掌握完整的拦网技术。拦网移动步法应先学习并步法，再学习交叉步和跑步。

（三）教学训练步骤

1. 讲解与示范

（1）讲解。教练首先讲解拦网技术在排球比赛中的重要作用，再讲解单人拦网技术的动作方法和要领，包括拦网手型、助跑、起跳、空中拦击、落地等，最后重点讲解拦网的判断和起跳时机。

（2）示范。拦网示范应该采用完整与分解相结合，徒手与拦网相结合、正面侧面与背面示例相结合的方法进行教学。采取完整示例是让学习者建立完整拦网技术概念。正面示范是让学习者观察拦网手型、手臂间距及起跳动作；侧面示范是让学习者观察拦网的身体完整动作以及手臂与网的距离；背面示范是让学习者观察拦网的判断、移动、起跳时机及网上封堵的区域和路线等。

2. 组织练习顺序

拦网手型练习→移动起跳练习→结合球的完整拦网技术练习。

（四）教学练习方法

1. 拦网手型练习

（1）徒手模仿练习。原地徒手练习拦网手型，要求两脚平行站立，两臂上举伸直，两手间距约 20 厘米，十指自然张开。

（2）原地扣拦练习。两人一组，面对面相距 1 米左右站立，一人预先做好拦网手型，一人对准拦网人双手自抛自扣。

要求扣球者准确地把球扣在拦网人的双手上，让拦网者体会拦网手型和拦网时的肌肉感觉。

（3）原地一扣一拦练习。两人一组，隔网站立，一人扣球，另一人拦网。要求扣球者把球扣在拦网者双手上，拦网者要根据扣球人的抛球情况，及时伸臂拦网体会触球的提肩压腕动作。

2. 移动起跳拦网练习

（1）网前原地起跳拦网练习。学习者集中听教练口令在网前做原地起跳拦网，要求起跳后保持好身体平衡，既要有伸臂过网的拦网动作，又不能触网或过中线犯规。

（2）左右移动一步起跳拦网练习。教练站在高台上持球于网上空，学习者依次在网前左右移动一步起跳拦网。要求学习者随教练举球位置变化而左右移动，移动制动与起跳动作要连贯。

（3）隔网盯人移动拦网练习。两人一组隔网相对，其中一人主动向左右移动起跳拦网，另一人盯住对方，并及时移动起跳在网上与对方击掌。要求平行网移动防止触网，移动由快到慢，保持好人与网的合理位置关系。

3. 结合球的拦网练习

（1）一抛一拦练习。两人一组隔网站立，一人抛球，另一人起跳将球拦回。要求拦网人体会起跳时间和拦网动作。

（2）拦固定线路的扣球。教练指定学习者在高台上轻扣固定直线和斜线球，让学习者依次轮流助跑起跳拦网。要求区别拦直线球和拦斜线球在取位和拦网手型上的异同。

4. 集体拦网练习

（1）原地起跳配合拦网练习。要求拦网人手臂上举伸直，间隔距离保持适当，以中间不漏球为宜。

（2）移动后配合拦网练习。两人一组，同时移动到中间位置起跳配合双人拦网一次，然后分别向两侧移动，要求配合队员主动与拦网队员合作，防止碰撞。

（3）结合各种进攻扣球的双人拦网练习。中间位置队员单人拦对方中间后排快攻一次，立即向前排右或前排左移动组成集体拦网，拦对方的后排强攻扣球。要求掌握好拦快球与高球强攻的起跳时间及不同的手型变化。

（五）教学训练中应注意的问题

一是在拦网的教学中，应以学习单人技术为主，集体的拦网战术为辅。当学习者初步掌握了拦网技术后，应该增多结合扣球和防守反击的练习，使拦网、保护、防守及反攻扣球等技术互相串联和衔接。

二是在教学中，必须抓好拦网的移动、起跳、伸臂、手型、拦击动作等环节的教学。在改进和提高阶段则应该重视判断能力，突然起跳的能力，空中身体转动、倾斜的控制能力，拦网手法等基本功能的练习，这样才能提高拦网的实战效果。

三是拦网教学不能安排过早或过于集中。过早安排拦网学习，不符合排球技术教学的规律；过于集中学习拦网，不利于提高拦网的能力，甚至会影响学习者练习的积极性。所以拦网教学应安排在正面扣球和垫球防守以及简单的进攻战术之后，每节课单一练习拦网的时间也不宜过长。

四是在拦网教学中，要逐渐提高难度，一般首先学单人拦网，后学集体配合拦网，其次学拦固定路线的扣球，再学拦变化路线的扣球；同时要强调注意拦网后的落地动作以避免运动损伤。

第二节 气排球战术教学与训练

战术教学必须在队员掌握一定基本技术的基础上进行，使之学会攻、防战术的配合方法，在比赛中提高运用基本技术的能力，这样才能达到较熟练运用各种主要战术的目的。

一、个人战术教学与训练

（一）发球个人战术教学与训练

1. 三发三接

甲组发，乙组接，规定发球必须发场内。10 次之后，接发球的站位轮转一次，甲组发完 30 次以后与乙组交换。教练做发球个人记录评选：将发球得分率减去失误率，高者为获胜方；接发球到位率减去失误率，高者为接发球胜的一方。

2. 两发两接

两人同时发球，一人发直线，一人发斜线；另一组两人，一个人接直线，一个人接斜线。只对发球做记录，发出场外或不过网为失误，发到中路不计数。每组发、接球 10 次，最后算总分。

3. 发球计分法

两人发两人接，只记录每个人的发球。发球直接得分计 5 分、对方破攻计 4 分，对方调整攻计 3 分、对方半到位球（网附近）计 2 分、对方到位球（进攻线附近）计 1 分、发球失误计零分，积累每人的总分。20 次后大组互换，教练记录得分。可用每日计分或一周累积分方法进行计分，按积分高低进行奖励。累积计分方式较有系统性和连贯性，使队员每次发球都必须注意抓质量，有意识地去钻研发球技术，同时可促进一传技术的提高。

4. 集体发球法

3 人一组，按比赛中轮次站位，规定每人必须发 3 个性能好的球，由教练进行评定，一般球不计数，在完成 9 次性能好的球中，有一次失误则统统不算。此方式可锻炼队员实战中的心理，如对同伴发球失误的态度及自己应持的态度。教练在练习中发现队员出现不正常的情绪时，应予指出并帮助，但不能放松要求。

5. 准确性发球法

按队员自定的线和点，发 10 次和 20 次准确性很高的球，并要有一定的弧度和飘度等。或规定在一定发球次数中必须发多少次规定落点的球，超过限制次数则不算。

（二）一传个人战术教学与训练

两人一组，教练员发球，两个队员一垫一调传，这种方法在场地不足、无球网时采用。每人按自己平时站位的距离假设到位的目标，每组练习 20 次交换，要求到位 15 次以上，由调整二传判断球是否到位。

教练采用远距离的高台发球以增大接球的难度，并有目的地针对每个队员的弱点进行练习。这种方式可结合场地、球网进行，三人或四人一组，分直、斜线（场地两边可同时进行），每组接同样数量的球，统计到位球的次数。也可根据主力和替补队员的不同水平，进行主力与主力比赛、替补与替补比赛，或让队员发垫对抗赛。

接发球进攻练习：三人一组，一人接发球，一人二传，一人扣球。10 次接发球中要求到位率为 70% 以上和扣球成功率为 60% 以上，如其中有任意一项完不成任务则需补课，补课内容可按本队需要提高的项目来决定，也可补扣球、拦网，一般不补一传为宜。转变一种项目以使其兴奋起来，达到一定的意外训练效果。

（三）二传个人技术教学与训练

1. 原地自传

要求把球传向头正上方，高度为离手1.5～2.0米，连续进行3组，每组20次。

2. 对墙自传

距离墙50厘米左右，上、中、下连续传球20次，完成3组。

3. 两人一组背传

一人抛球，一人背传，传20次，每人完成3组。

4. 三人一组背传

三人直线站位，各相距2米。两边队员抛球或传球给中间队员连续转身背传球10次，各完成3组。

5. 四人换位背传

1号位两人，先由一人传球给3号位，3号位背传给2号位，2号位传到1号位后跑到1号位，队员顺时针随球跑动，一组20次，完成3组。

6. 对墙或对网连续跳传球

掌握好起跳时机，空中保持平衡，10次一组，完成2组。不能碰墙或触网。

7. 两人一组跳传

连续做跳传练习，10次一组，做2组。

（四）扣球个人技术教学与训练

1. 加强前臂放松的练习

如：用20秒或10秒，计算手腕快速甩动的次数；用绳鞭放松地做扣球动作抽打墙的侧面；对镜子做手挥臂扣球的练习；在水池中提臂后放松挥动等。肩、肘、腕关节的放松是加快前臂速率的前提。

2. 用小皮球对墙进行快速甩击

3. 对墙自抛自扣

离墙 6 米，对墙加速挥击。加快前臂速率取决于挥臂的加速方式，采用加速方式的前臂扣球动作，有利于前臂速率的提高。

4. 对墙扣目标

在离地面 1 米高度的墙上，画一直径为 50 厘米的圆圈；采用正确挥臂方法，自抛自扣，力争每扣必中。如果 10 次扣杀能中 6 次以上，说明手控球有一定能力。初练可能只集中 2～3 次，逐步提高到 5～6 次。开始不要用全力，但不能用推打。为了提高兴趣可以采取比赛的方法。

5. 对墙连续扣反弹球

这个方法有提高手控制球的“球感”的效果，但注意会产生击球点降低的情况，要求队员在练习中保持在头部上方的高度，用前臂抽打好每次击球，不能用上臂托肘压球。

6. 站立扣低球

结合网练习，有利于正确动作的形成。要求挥臂时高点击准、打满，打出平冲长线的上旋球，弧形过网，这是训练控制球的一个重要方法。

7. 对墙隔绳自抛自扣

绳子安放在站位前，比右臂指尖高度低一个球的位置。对墙自抛自扣时，上体要放松，肩部充分上提。甩出时用良好的挥臂加速方法，向平前上方击球，既要注意伸直臂在最高点击球，又要注意扣杀时前臂的爆发力。

8. 对墙隔绳扣球

方法同7，但是由他人抛球，这样能充分做好摆臂和挥臂的动作，力争在最高点扣球。

9. 高网练习

在标准网的上方两个球的位置，拉一根与网平行的长绳，要求助跑起跳后在最高点击球，越过横绳做超手扣球，此法可以提高击球点。

10. 提高腾空后快速挥臂动作的练习

原地或一步助跑起跳后在空中做挥臂击球动作，尤其是女队员，空中动作更容易变形，所以应强化在身体腾空情况下的快速挥臂练习。此法可帮助队员建立良好的空中感觉，且膝关节不易受伤。

（五）拦网个人战术教学与训练

队员分别相对站在球网两边，原地用直臂、夹肩、小弧度摆臂动作向上连续拦网跳，10 次一组，完成 3 组。

同上，网前左、右并步起跳拦网各 5 次一组，完成 3 组。

从 2 号位开始做交叉步或并步拦网跳到 4 号位，又从 4 号位跳回 2 号位，5 次一组，完成 3 组。

两人一组网前面对站立，一名队员做直线、斜线、打手出界动作，另一名队员做拦网跳，10 次一组，做 3 组。

三名队员分别站在网前 2、3、4 号位，教练员在网对面连续比画数字手势，对应号位队员两人配合拦网跳，10 次一组，做 3 组。

队员按比赛位置站在球场两边，教练员在场外抛球组织进攻，一方进攻，对方拦网。每轮 5 次，统计 5 轮拦死、拦起的次数。

（六）防守个人战术教学与训练

1. 快速变点

训练队员反应、判断和快速移动。教练员向防守队员扔出左、右、高、低不同的球，要求队员快速跑动，并以每球必争的精神去完成每一个动作，提高队员的救球能力，以及各种脚步变换、重心转移及补位能力等。防守个人战术练习要由易到难，可用抛球、扔球与扣、吊球方式逐步扩大救球范围和增大防守难度。

2. 虚晃多变

训练队员重心改变后再启动的防守能力，扩大控制球的面积。特别对移动差的队员，则要求在快速移动中，连续接身体两侧的低部位来球。

3. 一高一低扣防

训练重心升降、腰腹折叠速度及快速下蹲和突起的能力。高部位来球可用各种挡球、扒球动作。低部位来球则要求队员身体重心很快下降、塌腰托球或脚垫球。动作完成要快，一高一低快速连续地进行练习。

4. 大数量防接球

练移动耐久，练意志品质和克服困难的精神以及提高“球感”。

二、集体战术教学与训练

（一）进攻战术教学与训练

1. 教学难点

对于初学者来说，教学难点集中在各进攻战术的站位、转位和位置交换上。因此教学重点应集中在一些简单打法上，比如对强攻、快攻等进行专门性练习，以利于队员迅速熟悉自己的位置和职责。对于有一定基础的队员来说，进攻战术的教学难点是强攻、快攻、立体进攻的有机结合。在这一阶段，队员已经熟悉自己的位置和职责，而如何根据对方的情况打出不同的战术球就成了教学的关键。

2. 教学顺序

先学习“中二传”进攻战术，然后学习“边二传”进攻战术，最后学习“插二传”进攻战术。在学习这三种进攻战术的同时，应结合学习相应的进攻配合，最后再逐步练习各种难度较大的进攻打法和复杂的战术配合。

3. 教学步骤

（1）讲解与示范。

①讲解。教练首先讲解进攻战术的名称及其特点，基本阵型及打法，不同位置的站位分工及职责。

②示范。采用沙盘、挂图或请 5 名学习人员现场实际演示等方法，让学习者对进攻阵型建立直观的概念，然后在半场上按进攻战术的要求，进行不结合球的模仿站位与跑动路线练习，让队员初步体会和明确各位置的分工与配合方法。

（2）组织练习顺序。

徒手模仿进攻战术站位练习→结合球在简单条件下练习→结合球在复杂条件下练习→比赛条件下巩固提高练习。

4. 练习方法

（1）“中二传”进攻战术的练习方法。

①徒手模仿“中二传”进攻战术站位练习。教练让队员站在自己的半场上按“中二传”进攻阵型站位，然后进行不结合球的模仿跑动和轮转练习，了解各位置的分工与配合方法。

②结合球在简单条件下的练习。

练习一：教练在 5 号位向 3 号位抛、传球，3 号位二传队员将球交替传给 4、5 号位队员扣球，扣球后相互交换位置。

练习二：场上 5 名队员站成“中二传”接发球站位阵型，教练从对区抛球，队员练习“中二传”进攻战术。

练习三：场上 5 名队员按“中一二二”或“中一三一”接发球站位，接教练从发球区抛球或下手、上手发球组织“中二传”进攻战术。

③结合球在复杂条件下的练习。

练习一：场上 5 名队员按“中一三一”或“中一二二”接发球站位，接教练从发球区发来的上手球。队员接发球组织“中二传”进攻战术，但在进攻队员扣球时，要求附近队员跟进保护，以提高队员的保护意识。

练习二：方法同上。发球一方增加 1 名或 2 名拦网队员，给进攻一方增加网上的难度。

练习三：方法同上。但在接发球后，全队立即转入接拦回球进攻的练习。

④比赛条件下巩固提高练习。

练习一：4 对 4 的接发球组织“中二传”进攻与防反练习。要求两边发球区有专人发球，甲方发球，乙方接发球组织进攻，甲方防守反击。反之乙方发球，甲方进攻乙方防守。

练习二：5 对 5 教学比赛，进行攻防对抗练习。教练在场外抛球给场上任一方队员，然后双方进行“中二传”进攻和防反练习。

练习三：方法同上。但防反一方可增加单人拦网，增加进攻方的难度。

（2）“边二传”进攻战术的练习方法。

①徒手模仿“边二传”进攻战术站位练习。

教练让队员站在自己半场上按“边二传”进攻阵型站位，

然后进行徒手的模仿跑动和轮转位置练习，熟悉“边二传”进攻战术各位置的跑动线路、分工及配合方法。

②结合球在简单条件下的练习。

练习一：教练在 1 号位将球抛向 2、3 号位之间二传的位置，2、3 号位之间的传球队员把球传给 4 号位或 3 号位，分别由 4 号位或 3 号位的队员轮流扣 4 号位一般高球和 3 号位的半快球练习，进攻后互相交换位置。

练习二：队员分别站在 4 号位、3 号位准备扣球，由 3 号位队员将球传给 2 号位的二传队员，二传队员将球传给 4 号位或 3 号位的进攻队员扣球。

练习三：队员分别站在 4 号位、3 号位准备扣球，接教练从发球区或对方场区抛球或轻发球，组织“边二传”进攻战术。

③结合球在复杂条件下的练习。

练习一：场上 5 名队员按“边一三一”接发球站位，接起教练从发球区发来的上手球，组织“边二传”进攻。

练习二：方法同上。发球一方增加拦网，给进攻方增加网上难度。

练习三：方法同上。接发球“边二传”进攻后，立即进入接拦回球反攻练习。

④比赛条件下巩固提高练习。

练习一：3 对 3 组织“边二传”进攻与防反练习。

练习二：5 对 5 进行“边二传”攻防对抗教学比赛练习。教练在场外随时向场内任一方抛球，然后双方进行攻防对抗练习。

练习三：方法同上。教练连续向一方发 10 次球后，再换向另一方连续发 10 次。教练每次发球后，队员要转动一次位置。通过 5 对 5 的对抗攻防练习，提高战术的运用能力。

（二）防守战术教学与训练

防守战术主要包括接发球防守、接扣球防守、接拦回球防守和接传垫球防守。

1. 教学难点

对于初学者来说，防守战术的教学与训练难点是让学习者根据本方拦网队员的情况正确地落位。一般来说，初学者多采用双人拦网，此时，一名队员要防对方吊球，另外 3 名队员每人卡住一条线防扣球。对于有一定训练基础的学习者来说，防守战术的教学与训练难点是让其综合对方扣球和本方拦网情况，正确地落位和及时地补位。

2. 教学顺序

（1）接发球防守。五人制先学习“中一三一”和“中二二”接发球的全队防守，然后学习“边一三一”和“边一二二”接发球的全队防守。四人制先学习“中三”，然后学习“中二二”。

（2）接扣球防守。先学习单人拦网下的防守战术，再学习双人拦网下的防守战术，最后学习 3 人拦网下的防守战术。

（3）接拦回球防守。依次学习 4 人、3 人、2 人的接拦回球防守战术。

（4）接传垫球防守。根据对方采用传垫球时的情况和时机，依次学习 4 人、3 人等接传垫球防守战术。

3. 教学步骤

（1）讲解与示范。

①讲解。教练首先讲解防守战术的名称、特点，防守的基本阵型及跟进方法，队员的职责及相互间的配合，防守与反攻的衔接等。

②示范。运用挂图、沙盘或请5名队员现场实际演示等方法，使队员了解防守阵型的组成，每个防守位置的职责和防守队员之间的配合方法等。

（2）组织练习顺序。

徒手模仿站位→无对抗条件下的练习→简单对抗条件下的练习→较激烈对抗条件下的练习→比赛条件下的练习。

4. 练习方法

（1）接发球防守练习方法。

①徒手模仿站位练习。让5名队员在半场上按防守位置徒手站位，然后依次轮转5轮。练习时可以随时让队员说出自己的位置。

②结合球的练习。让5名队员在半场上按防守位置站位，教练在另一侧发球，队员接发球并根据分工组织进攻。队员成功组织进攻3次后轮转一个位置，教练继续发球，队员练习。需要注意的是，为了有效地练习队员的防守站位，教练发球宜简单。

（2）接扣球防守练习方法。

①徒手模仿站位练习。让5名队员在半场上按防守位置徒手站位，然后依次轮转5轮，使队员明确每一轮、每一个位置的分工和职责，能够根据对方和本方情况进行合理的取位。

②不拦网下的防守练习。教练隔网站在高台上扣球或吊球，队员在无人拦网的情况下进行防守和反攻练习。

③结合拦网的防守练习。教练隔网站在高台上扣球或吊球，队员单人或双人拦网。教练有意识地把球扣（吊）给1、2、4、5号位的队员，队员防守后组织进攻。

（3）接拦回球防守练习方法。

①徒手模仿站位练习。让5名队员在半场上根据对方和本

方情况进行跟进落位练习。需要明确的是，所有参与进攻战术的队员都应该积极地选取位置接拦回球。

②结合球的练习。队员组织各种徒手的进攻战术，教练拿球轮流在4号位、3号位和2号位隔网站在高台上模拟拦回球喂球，队员跟进保护并组织一次有球的进攻。

（4）接传垫球防守练习方法。

①对方无法组织进攻时的站位练习。当对方一传将球垫飞，跟进保护队员将球调整到中后场附近，第3次无法组织进攻时，队员应练习快速后撤和换位，可以采用5人防守，尽量组织多点进攻战术。

②对方垫球过网时的站位练习。当对方传垫球直接过网时，前排队员已经来不及后撤，则由后排队员组织防守，此时可以练习二次球进攻或组织多点快攻。

③对方有意识地传垫球过网时的站位练习。当对方一传或二传击球，并有意识地突然传垫球过网时，本方应在接扣球防守阵型的基础上，积极补位防吊。这种情况下，应充分发挥4号或3号位队员快攻战术配合的作用。且要队员注意力集中，随时准备防守对方的传垫吊球。

（三）攻防转换战术教学与训练

1. 教学难点

攻防转换战术的核心是让队员在进攻和防守之间有效地串联和组织，因此，队员跑动路线和节奏的控制是教学与训练的重点，也是难点。教练要努力通过喂球来控制队员的攻防转换节奏，调整队员跑动路线。

2. 教学顺序

先学习接对方推攻球的防守及组织进攻，然后学习接发球防守及组织进攻，在此基础上学习接扣球防守及组织进攻，最后学习接拦回球防守及组织进攻。

3. 教学步骤

（1）讲解与示范。

①讲解。教练首先讲解攻防转换战术是气排球四攻系统的综合运用，攻防转换能力是体现一个队整体水平高低的重要标志之一；再讲解攻防转换的节奏掌握，攻防衔接的熟练程度等。

②示范。运用沙盘或看录像等直观教具及队员现场演示方法，让队员了解攻防转换的节奏、时机及全队的串联配合等。

（2）组织练习顺序。

先局部后整体，由简到繁、由易到难地进行。如拦网练习时，先练习拦斜线后练习拦直线；反攻扣球时，先练习扣斜线球，后练习扣直线球。

4. 练习方法

（1）调整传球和反攻练习方法。

教练隔网站在高台上扣球，后排 2 名队员（或后排 2 名队员加前排 2 或 4 号位队员）进行各种线路的防守，调整传球和反攻练习。

（2）人盯人拦网练习方法。

教练在后场抛球给二传队员，扣球队员在 4、5、2 号位跑动扣球，对方 2、3 号位队员人盯人拦网，后排队员进行防守反击。

（3）6 对 6 攻防转换练习方法。

教练在场外抛球，一方接发球组织进攻，另一方拦网防守后组织反攻。成死球后，教练立即抛球继续进行攻防转换练习。

三、气排球战术教学与训练中应注意的问题

（一）战术教学与练习必须在掌握一定技术的基础上才能进行

技术是战术的基础，应先教技术，后教战术配合。随着各项技术水平的提高和熟练，逐步学习较复杂的战术配合，同时，通过战术配合的教学，反过来带动技术的提高。

（二）战术实质就是技术的运用

在练习技术时，就要贯穿着对战术意识的培养。掌握了一定的技术，将这些技术有机地串联起来，实际上就是战术配合。只有提高了个人战术意识，才能更好地发挥集体战术配合。

（三）进攻与反攻相结合

进行战术教学时，要先练进攻，后练防守反攻，要把进攻与反攻结合起来才能互相促进。

（四）选好二传手

战术教学前，要注意选好二传手，然后确定阵容，根据学习者的技术特点，确定全队进攻与防反的打法，逐步增加本队的战术内容。

（五）要由易到难

战术教学必须按由简到繁、由易到难、由分解到完整、分练与合练相结合的步骤进行。对初学者进行战术教学时，应在掌握发球、垫球技术之后再进行。开始学习以“中二传”进攻战术为基础，同时掌握单人拦网下的防守战术，在此基础上学习“边二传”进攻战术及1号位队员“插二传”进攻战术，然后再学习双人拦网下的“心跟进”“边跟进”防守战术。

（六）练为战

在战术教学进行一定时间后，要多比赛，通过比赛来运用战术，检验战术的实效，并改进和提高战术质量。

第三节　教练教学与训练技法

教学与训练技法是指学习者在进行某项技战术练习时，教授者给予学习者指导性协助练习的技能和与队员交流的能力。这些技能与能力是教授者在多年的教学与训练中，通过不断的学习、实践、反思积累而成。教学与训练技法可以分为两种：教授者与队员的交流技法、教练的带练技法。

一、教练员与队员的交流技法

（一）语言交流技法

1. 语言交流的要求

由于每个教授者各自的特点不同，展现的语言艺术特色自然也不尽相同。但是作为一种教学的语言，教授者的语言应该是有着共同的规律和特点的。体育教学与训练课的课程和课堂特点决定了教学中的语言交流应符合以下几个方面的要求。

（1）准确清晰。体育教学与训练的语言是对体育知识、技术和技能的客观表述，所以教授者的选词用字一定要准确清晰。一字不准就会改变知识与技术的特性，甚至出现错误。例如，正面下手发球要求“用全掌击球的后下部”，就绝对不能说成“击球的后中部”。体育运动技术教学与训练的语言准确还表现在使用术语要准确。在气排球技战术教学与训练中要使用“传球”“扣球”“触网”等术语，而不能说成“撑球”“拍球”“碰网”等。教授者要以身作则，准确无误地运用体育术语。

（2）生动形象。教学与训练中，教授者运用生动形象的语言是学习者学习好的一个重要条件。生动形象的语句和比喻，以及幽默风趣的语言和栩栩如生的象声词，可以达到一经点到茅塞顿开的语言功效，也可缓解学习者的紧张情绪。并且，教学实践中所创造的许多生动的语言，简洁明快，说起来朗朗上口，听起来令人饶有兴趣，再加上根据不同年龄段的心理特点稍作变化，更使学习者容易接收、理解和掌握。例如，有些老教练带训练讲解技术要领时总是编成口诀，如捧球的动作要领口诀为“两臂前伸插球下，双手掌心面朝上，腕指前臂适度紧，腕抖指弹瞬间力，抬臂缓冲往上送”；背向垫球的口诀为“蹬地抬仰摆双臂，背对目标肩上击”等。

（3）精练简洁。每堂教学与训练课都有一定的时间限制，这就要求教授者语言交流必须精练简洁，达到精讲多练的目的。语言的精练简洁要求教授者熟悉教材内容，善于抓住重难点，合理归纳，提纲挈领，熟练运用术语，正确选词择字。例如有的授课者在教正面双手垫球的技术动作时，将完整复杂的技术过程用“夹臂、前插、蹬地、提肩、顶肘、压腕、抬臂、送球”16 个字来高度概况。这 16 个字包括了正面双手垫球的技术要领，体现了技术的结构和环节，也大致指出了动作的用力技巧，简明扼要，精练具体。

（4）寓意深刻。教授者在传授体育知识、技术和技能的同时，要注重对学习者的思想教育，注重对学习者意志品质的培养。气排球教学与训练中可以用一些竞技体育人奋勇拼搏的事例来鼓舞和激励学习者。如中国女排的“五连冠”，2016 年巴西里约奥运会克服重重困难，力压群雄，重夺世界冠军等。同时，还要挖掘教学与训练内容本身的思想教育因素，如身体素质练习时教育学习者吃苦耐劳、持之以恒的顽强品质；体育比赛中教育学习者团结协作、互相配合、相互鼓励、全力以赴的集体主义观念和在激烈对抗中调整心态的积极意识。

（5）通俗易懂。在进行语言交流时要根据教学对象的特点，选择合理的语言内容和表达形式，既要言简意赅，又要通俗易懂，还应该适应学习者的心理特点。例如，给青少年上课，就不能使用过于成人化的语言；而如果使用“90 后”“00 后”所谓“新新人类”的教学语言给中老年学习者上课，老年人或许还难以理解，不那么容易接受，会使教学效果大打折扣。

（6）诚恳亲切。教授者充满情感色彩的教学语言，使学习者不仅从语言的内容上，而且从语言的表达方式上都乐于接受。人们常说“通情达理”，可见，人际交往中“通情”是“达理”的前奏，没有感情的沟通就没有对道理的认同。在教授者和学习者的交际中，只有做到知识和情感水乳交融，才能达到畅通无阻、事半功倍的教学效果。无论是哪个年龄段的学习者，在体育技能学习过程中往往都会遇到一些具体的困难，如老年人因为年纪大，担心关节承受力差，还生怕出现身体接触，在学习拦网的初始阶段容易产生胆怯心理，不敢尽力起跳，导致动作畏缩。在这种情况下，教授者诚恳的教态，柔和、亲切的语言一般会对这些学习者产生鼓励作用，使他们找到一定的克服困难的勇气和信心。

（7）节奏鲜明。体育教学的语言讲究抑扬顿挫的节奏感。这是语言的艺术，也是教学和训练的艺术。具有音韵旋律之美的语言可以增强语言的感情效果，提高教学质量。授课者的语言要做到快慢有度，轻重适宜，急缓相间，疏密有序。教学语言的节奏性主要体现在以下方面：①吐字要准。授课者在与学习者交流时一定要吐字准确，“调”和“跳”、“十”和“四”，吐字要清清楚楚，不能含糊，尤其是对听力处于下降期的中老年人进行授课时，更要注意如此。②音量有别。对集体发出的指令，声音要高，音量要强；对小组进行指导使用中音即可；而对个别学习者进行指导或批评，则尽量使用低音，能使对方听清楚就可以。尤其是现在青少年的个性都比较自我，爱面子，说重了易产生逆反心理。③速度变化。体育教学的语言要体现出快慢缓急。授课者往往依靠语言速度的巧妙变化来创造跌宕起伏、抑扬顿挫的语言效果，以吸引和感染学习者。一般来说，分析技术和讲解动作要领时要慢，而对刚刚出现的错误动作进行纠正时语言要快，口令和指挥调动队形要急，对个别学习者提出批评时要缓。另外，对不同年龄段的人也要有所区分。

（8）风趣幽默。体育教学与训练的课堂应该是生动活泼和快乐愉悦的，授课者风趣的表达、幽默的语言、诙谐的比喻、机智的谈吐都能打破课堂的沉闷，改变课堂的气氛。特别是在运动量较大或练习内容较为枯燥，学习者感到疲劳和低落的时候，一句风趣幽默的语言可以转变学习者的注意力，消除他们的心理疲劳。

2. 语言交流的技巧

（1）表达的技巧。说话前要经过思考，避免随意的、不负责任的讲话；尽量使用简练、直接的语言，立即说出要说的话；讲话要具体，避免冗长的独白；表达要清楚，前后要一致，语言信息和非语言信息应统一；交流中尽可能使用正面的表达方式；使用征求意见的表达方式，为的是引起讨论，例如

“我觉得你并未尽力，你在想什么?”如果你的讲话冗长，设法用不同的方式来说同一件事；力求获得对你的讲话是否得到了准确理解的反馈，要求他们对你的讲话作出反应；避免使用讽刺挖苦的语言，与青少年学习者交谈时尤应如此。

（2）提问的技巧。强调学习过程，通常“问”学习者该做什么比“告诉”他们该做什么要好；设法让学习者积极参与到问题中来；鼓励学习者从经验中学习，如“如果你再遇到这种球，该怎么处理?”力求在学习过程中增强学习者的独立性和自我控制能力；训练尽可能使用有效的发问，如“什么”“怎样”“什么时候”“哪儿”等；尽量多使用非限制性的提问，它将有助于产生更有益的交流。例如，“你喜欢这样接球吗”这样的限制性提问，与“这样练接球和你以前练接球相比感觉怎样”或“你最喜欢这样练接球的哪一点”这两种提问相比较，后者得到的信息要多得多。

（3）奖励与批评的技巧。要用诚实的态度正面地处理问题，慎用消极的批评告诉学习者具体“要”做什么，不说“不要”做什么；要注意观察，并以真诚的态度即时奖励，不因事小而不为；对学习者的努力态度要多奖励，鼓励发挥，少奖励比赛结果。作为学习者，他应对自己的才能感到高兴，更应对努力而刻苦的训练感到骄傲。在进行奖赏和鼓励之间的褒贬式批评（积极的褒贬结合）时，首先指出学习者做得好的方面，然后让他知道不对之处，并告诉他如何改正，最后不要忘了鼓励他；当学习者犯错误时，要保持冷静，应等待他自己改正和打出一个好球，这可能是他一次自我提高的机会；对于初学者，奖励与鼓励应更多一些，以激发他们的自觉性与积极性。

（二）非语言交流技法

所谓“行动胜过语言”，授课者和学习者之间的非语言交流常常是下意识的，它们往往比语言所传递的信息更可靠，也更重要、更有效。在体育课堂上的非语言交流中，最主要的是示范。体育教学与其他教学的最大区别在于体育教学中教练要用肢体描述和再现教材内容，而队员往往通过对教练动作的观察来建立正确的动作表象，提高学习兴趣，对技术本身所包含的美学成分予以接受并产生向往。因此，有人说："体育教练（社会体育指导员）本身就是一本教材。"队员（被指导者）通过"阅读"教练（指导者）的肢体语言来上好第一堂课。

非语言交流技法除了授课者的示范外，还包括下面几个方面。

（1）面部表情。面部是人体表情最丰富的部分。我们可用眼睛、眉毛、嘴等传递信息，尤其是眼神接触的时候可传递许多信息。

（2）手势和其他身体动作。是指用手、手指、手臂、头、颈、肩、腿等来"说话"。正确而适当的手势，不仅可以表达思想，还可以传递感情。语言结合手势，能增强教授者口头语言的说服力和感染力，获得更有效的交流。

（3）体态。力求保持直立挺拔的姿势，显示信心、活力和开放；行走时步法要快速、坚定而有力，即便在疲劳时也应如此。这样会使队员注意力集中、精神振奋。

（4）适度的身体接触。身体接触是教练通过自己的躯干和四肢动作来传递或辅助教学信息的一种活动。握手或拥抱是向学习者表示高兴的最好方式；轻拍一下脑袋或肩膀可表示担忧或关心，但一般不用在成人学习者身上；将一只手搭在学习者的肩上是表示亲密的有效方式；有时可能还会把着学习者的手臂，使其体会怎样击球。

（5）服装和外表。是指教授者的外貌容颜、发型及着装等。教授者应穿着干净、整洁；服装要得体；注意卫生习惯，包括牙、手、指甲、身体的气味、头发等。

二、气排球教练员的带练技法

气排球教练员的带练技法主要有六种：扣打技法、抛一传球技法、抛二传球技法、掷球技法、推吊球技法、单手击球技法。

（一）扣打技法

1. 扣打技法的分类和分析

（1）抛打。即教练员自己抛球，然后向练习者扣打。

①准备姿势。教练员站在网附近，面向后场，两脚自然开立，双手或单手持球于腹前，两眼注视练习者的动作。

②抛球。用双手或单手将球平稳地轻抛在击球手臂的前上方 50 厘米左右。

③挥臂与击球。抛球的同时，击球手臂顺势抬起，屈肘后引，上体稍转，展腹，挺胸，手指自然张开，微屈呈勺形。击球时，利用转体收腹的力量带动手臂加速挥动；小臂放松，主动用力屈腕、屈指，在头的前上方全掌包球向前推压，击准球的后上部。

（2）打垫。教练员将防守队员垫回来的球连续向防守队员扣打称为打垫。扣打防守队员垫来的球，难度稍大，技术动作也较复杂。扣打这种球时，教练员首先要加强判断，根据球速和弧度判断来球的落点，然后迅速移动取位，将击球点的位置保持在击球手臂的前上方，看准防守队员的位置，用扣打技术击球。

2. 扣打技法要求

（1）扣打要准确。训练防守时，一定要打准。也就是说，教练员应根据防守队员的位置和任务，控制扣打球的落点，这样训练才有效果。

（2）扣打时要活、要变。教练员用扣打技能训练防守时，不能让队员被动地等球，而要通过扣打技法的变化让队员将脚步练活。这就要求教练员在击球时不能一味地死打，而要根据队员的准备姿势，变化扣打力量或方向等，使他们在移动中拦球防守。

（3）扣打要有气氛。教练员的扣打与队员的防守是对抗的矛盾，所以教练员一定要通过扣打技法将队员的情绪调动起来。

（二）抛一传球技法

1. 抛一传球技法分析

（1）准备姿势。教练员站在 3 号位，身体面向球网，两脚自然分开，双手持球于腹前，两眼注视接球队员。

（2）抛垫球。利用双手抬臂的动作，将球平稳地向前上方抛出，使球垂直下落在 1 号位、5 号位。

2. 抛一传球技法要求

（1）稳、准，难度适中。

（2）区别对待抛练对象。对于初学者，要抛轻、慢、近距离的球；对于有一定基础的学习者，要适当地抛出力量较重、弧度平、速度快的球。

（三）抛二传球技法

1. 抛二传球技法的分类和分析

（1）抛一般球。指教练员在网附近抛出的顺网一般高度的供练习者做正面屈体扣的球。

①准备姿势。教练员站在 3 号位附近，身体侧对球网，两脚自然开立，双手持球于腹前，两眼注意扣球队员的行动。

②抛球。利用双手抬臂的动作，将球平稳地向前上方抛

出，使球垂直下落在4号位的标志杆内侧附近，高度大约在网上2米左右。

（2）抛快球。指教练员在网附近抛出的低弧度、供练习者做快攻扣的球。抛快球技术与一般球技术一样，其不同之处是抛快球的用力轻，且主要靠抬小臂的抖手腕力量，将球送到扣球队员的击球手上。

（3）抛调整球。指教练员在后场抛出的各种斜网球，供练习者做调整扣的球。抛调整球与抛一般球相同，但需要增加蹬腿动作，依靠全身力量将球抛到网附近。

2. 抛二传球技法要求

（1）抛球要稳、准，高度适中。

（2）抛球要减小球的抛物线弧度，使球尽量垂直下落，便于扣球时选择击球点。

（3）抛球时要根据扣球队员的需要，尽量主动适应扣球队员。

（4）抛球时要有变化，逐步增加难度，提高扣球队员的实战能力。

（四）掷球技法

1. 掷球技法的分类和分析

（1）掷高远球。指教练员向场地掷弧度高、距离远的球。

①准备姿势：以单手掷球技法为例，两脚前后开立与肩同宽，自然站立。单手持球于肩上，身体稍向持球手侧转动，两眼注视接球队员。

②掷球：利用收腹挥臂，带动手腕向前加速，小臂放松，手腕、手指用力甩动将球向接球队员投出。

（2）掷近网球。指教练员向场地进攻线以内掷小弧度的球。掷球准备姿势同高远球，不同之处是掷近网球用力稍轻，将球掷在进攻线以内的位置。

（3）掷任意球。指教练员任意掷出各种速度、弧度和落点不同的球，使练习者适应不同的来球。

2. 掷球技法要求

（1）掷球目标要准确。

（2）掷球力量要适中，速度由慢到快。

（3）掷球最好与抛打、吊球技术结合运用，提高练习的实战性。

（五）推吊球技法

推吊球技法是扣打技法的一种变化形式。它是以轻巧灵活的手指、手腕动作，将球推吊在接球队员附近的一种带练技术。训练防守时，推吊球技法经常与扣打技法结合运用，这样能够培养练习者反应灵敏和判断移动的能力，更具实战意义。推吊球技法是以扣打技法为佯攻，然后突然改变挥臂动作，以单手传球的手型，五指保持一定的紧张度，击球的后下方或侧后下方，将球轻轻地推吊在防守队员的前、后、左、右方向。

（六）单手击球技法

单手击球技法是教练员用单手将球击出一定弧度供给练习者练习的一种击球技术，是训练课中运用最多的一种击球动作。如二传训练时，教练员用单手击球的方法供球；分队攻防对抗训练时，教练员在场外用单手击球的方法供球；练习接发球时，教练员向接发球队员进行发球等。总之，单手击球技法用途广、方便、实用、省力，是一种非常好的供球方法。单手击球技法与单手平发球技法的击球方法大体相同，不同之处在于根据供球种类的不同，击球部位、击球用力和出球弧度有所区别。

第五章　气排球运动员的体能训练

第一节　气排球运动员体能训练概述

体能是运动能力的重要基础。气排球队员只有具备良好的运动能力才能在练习中充满活力，在比赛中发挥出水平，充分展示自己的竞技实力。选择和掌握科学高效、丰富多样的训练方法进行体能训练，有助于气排球队员学习基本技术和基本战术，有效提高技能水平。

一、体能训练概论

（一）体能训练释义

体能即身体能力，是运动员在训练比赛中专项身体素质、机体机能水平和身体形态特征的综合体现。良好的体能是不断提高技术、战术水平的重要保证，提高体能训练水平是取得优异成绩的重要途径。体能训练在气排球训练中占有重要地位。尤其是随着现在气排球运动的竞技性增强，对参与者的体能提出了更高的要求。体能训练是指通过科学的施加专门的训练刺激，使参训者有机地在形态、机能和运动素质等方面都产生良性训练适应的训练过程。换言之，体能训练是指人体在艰苦环境中，长时间、高强度、大负荷持续工作能力的训练，它突出对人体各器官和机能系统的超负荷适应训练，旨在产生机能和心理适应，以达到提高整体运动能力和培养顽强拼搏精神的目的。对于一个运动员而言，身体形态特征是指运动员身体的长（高）度、围度和身体成分等指标的构成特征；专项身体素质是指其在比赛中完成运动动作所表现出的速度、力量、耐力、灵敏、柔韧和协调能力；身体的机能水平是指其身体健康状态、有机体各器官系统的机能、自身有机体承受大负荷训练比赛的生理抗疲劳能力和恢复能力。

在气排球运动员的体能构成中，身体形态、机能和素质等因素指标的高低一方面取决于本人的先天遗传，另一方面取决于其对后天训练刺激的适应程度。传统的运动素质训练（也叫身体训练）主要偏重于对某一运动素质、力量、速度、耐力的追求，忽略整体机能能力的提高和拼搏向上心理素质的培养。体能训练应把采用专门手段和方法所获得的训练效果，在比赛中综合表现出来。因此，局部身体练习所发展的素质往往不可能在紧张激烈的比赛中发挥出来。在气排球运动员竞技能力的构成因素中，体能起着举足轻重的作用。综观目前的各级比赛，一支气排球队要获得优异的运动成绩，必须做到体能、技能及比赛经验（包括良好的心理训练水平）三者高度统一协调的发展。而这三者之中，体能是基础。没有高度发展的体能，就不可能掌握精湛、高级的技术；没有超群的技术，就根本没有在重大比赛中夺魁的可能。在夺取胜利，走向成功的道路上，气排球队员的体能起着基础的作用。体能训练是气排球运动员运动训练中必不可少的内容之一。

（二）体能训练的作用和意义

运动训练学中所称的竞技能力也叫比赛能力。它是运动竞技参与者的体能、技能、智能和心理能力的有机结合。其中体能是运动中竞技能力的基础，是竞技能力的重要组成部分。运动素质是体能能力在某一方面的表现，是体能的构成因素，也是运动实践中评价和检查体能水平的常用指标。体能训练是人体器官和体能系统的结构和机能能力上的适应性再塑造工作，是运动员心理意志品质的再塑造工作，比赛实践对运动竞技参与者体能的要求永无止境，只有努力达到最高限度，才能促进运动技术水平的不断提高。

体能训练的作用和意义主要表现在以下几个方面。

1. 有利于掌握复杂、先进的技术

体能训练实际上是使运动参与者有机体各器官系统功能协调发展，具有完备的从事专项竞技运动能力的过程。除了有强大的力量基础外还需具备高超的技术，而这高超的技术须依赖于体能的高度发展。总之，只有在充分发展各项运动素质的基础上才能很好地掌握复杂、先进的技术，体能训练正是实现这一目的的基本保证。

2. 有利于承受更大负荷的训练和高强度的比赛

现在气排球运动竞赛频繁、竞争激烈，参赛者要在重大比赛中夺取胜利，创造优异成绩，只有通过大负荷的运动训练，对机体进行生物学改造，掌握娴熟的专项技术、战术才能达到。就是说，在科学系统地监测训练过程的基础上保证训练负荷，才能使运动竞技参与者打下较为扎实的体能基础，并在不断加大负荷的情况下，承担训练和比赛对机体的一切要求。

3. 有利于运动竞技参与者保持良好的心态，创造优异成绩

竞技能力是取得优异成绩的主导因素，是由身体形态、身体机能、运动素质技术、战术、心理和智力因素决定的。在当今竞技比赛中，运动员的心理状态是决定比赛胜负的关键因素

之一。比赛越激烈，水平越接近，心理素质显得越重要。而良好的体能能够保证队员在激烈的对抗中具有一定的优势，使得运动员在比赛中能够有良好的心态，为创造优异的成绩奠定基础。超常的体能是其制胜的重要法宝。

4. 有利于促进运动竞技参与者身体健康

预防伤病，延长运动寿命良好的健康状况是系统训练的根本保证。体能训练能够有效地提高参训者内脏器官特别是心血管系统、呼吸系统机能，增强骨骼、肌肉、肌腱和韧带等运动系统的功能，并使中枢神经系统机能得到明显改善；同时，对于克服人体生物惰性，促使新陈代谢都具有极为重要的作用。而上述作用能够有效地提高机体对外界环境的适应能力和对疾病的抵抗能力，从而有效地促进参训者身体健康，预防伤病，延长运动寿命。当然，发展与提高人的体能必须通过有计划、有目的的科学训练才能实现。

（三）体能训练的生理学依据

为使体能训练取得良好的效果，在选择方法和手段时必须考虑气排球比赛对身体素质和机体机能的要求，而这种要求必须符合运动生理学原理。从能量代谢的角度看，人体工作时的能量来自三个供能系统：一是无氧非乳酸供能系统，它可使肌肉活动在较高的水平上支持 5 ~ 10 秒，如短跑；二是无氧乳酸供能系统，工作时间在 20 ~ 30 秒，有时持续 1 ~ 2 分钟，如 400 米跑项目；三是有氧供能系统，即在氧气充分供应的情况下提供能量，工作时间往往在 2 ~ 3 分钟或更长时间，如长距离的运动项目，有氧供能是基础。气排球比赛属间歇运动形式，即短时间爆发式的身体运动被短暂的间歇休息分隔开。短时间、爆发式的扣球、拦网主要是无氧非乳酸系统供能。而短促的动作重复，或连续的多回合争夺，则是无氧乳酸系统供能居主导地位。气排球竞赛中，大多数情况下，一个对抗周期的延续时间为 2 ~8 秒。在这一周期中，ATP - CP 系统功能占主导地位，即在运动开始阶段，运动员有足够的 CP 储备。“死球”或暂停、换人和局间休息时，是由有氧系统供能，且使 CP 得以不断地恢复。若是连续多回合的对抗，则乳酸系统供能在保持运动员工作能力中居主导地位。每球得分赛制也使决定胜负的无氧供能主导地位更显突出。从这个角度来看，气排球主要取决于无氧供能系统，但从气排球比赛时间来看，势均力敌的比赛时间可达数十分钟，因此提高有氧供能能力同样不能忽视。

上述分析表明，三套供能系统构成了气排球运动员身体活动供能的结构体系，气排球运动员的体能训练也应该围绕着三套供能系统展开，当然，同时应该紧密结合气排球专项运动的特点。气排球比赛中心率变化的结果表明，气排球比赛中运动员的平均心率为 100 次/分，最高心率可达 150 次/分。根据心率对运动负荷强度划分的理论，气排球高水平比赛的负荷度基本上属于中等强度的负荷，一般水平的竞赛属于中等偏下强度的负荷。

（四）气排球运动员身体特点及体能训练的要求

1. 老年气排球运动员身体特点及体能训练的要求

（1）中枢神经系统。神经系统的兴奋和抑制过程呈不平衡状态，抑制过程占优势，表现为不好活动，精力不足。因此，在体能训练中要注意合理调动身体的积极性，安排好运动量和训练方法。

（2）骨骼系统。老年人骨骼的承受力和张力优于青少年，但骨密度差，骨质易疏松，因此在体能训练中，要注意不要使身体局部负担过大，力量训练时要注意负荷安排，避免大重量的练习，不宜在水泥或沥青场地反复进行跳跃练习。

（3）肌肉系统。老年人肌肉开始萎缩，肌肉的收缩和弹性也开始下降，因此在发展肌肉力量时，宜多做多种徒手练习、小负重和不剧烈跳跃练习来发展肌肉力量。

（4）心血管系统。老年人随着年龄的增长、心脏容量、容积以及心率不断变化，60 岁后，心脏收缩力开始减弱，血管弹性与血压水平均呈下降趋势。因此，在对老年人进行体能训练时应合理安排运动负荷，不宜做持续而紧张的耐力性练习，间歇次数要多些。应多做些促进血液循环系统功能的练习。

（5）呼吸系统。呼吸系统衰老的主要变化是肺泡壁变薄，肺泡增大，肺毛细血管数目减少，肺组织弹性下降以及呼吸肌无力等，于是，造成肺泡扩散有效面积减小，肺残气量增加和肺活量下降。因此，在运动中注意依靠增加呼吸频率来提高肺通气量。

2. 中年气排球队员身体特点及体能训练的要求

（1）中枢神经系统。主要表现为精神活动比较平稳，对情绪性刺激的反应不像青年时期那样剧烈，体现出经验丰富、尚有较充沛的精力等特点。但是，在各方面知识更加丰富、理解力增强的同时，记忆力逐渐下降，反应速度也不如青年时期快。在训练活动中要安排好运动量，注意运动状态的调整。

（2）骨骼系统。主要是骨骼的脆性增加，骨质容易增生，易发生骨折和多种骨关节病，运动中要注意骨骼的安全。在气排球训练活动中，注意运动状态的调整。

（3）肌肉系统。肌肉张力开始下降，脂肪附着增多，肌肉易疲劳。

（4）心血管系统。中年人血管壁的弹性降低，血管运动功能和血压调节能力减弱；由于血液胆固醇浓度随着年龄增大而增高，可引起心脏动脉及脑动脉的粥样硬化，当血管病变到一定程度时会引起心脏和大脑的供血不足甚至引发冠心病和脑血管病。因此，在对中年人体能训练时应合理安排运动负荷，不宜做持续而紧张的耐力性练习。

（5）呼吸系统。呼吸系统功能的变化主要是肺的扩张和收缩能力下降，使肺活量减少，呼吸功能减弱。在气排球训练活动中应注意掌握活动量，注意活动的环境空气质量。

3. 青少年气排球队员身体特点及体能训练要求

（1）中枢神经系统。青少年队员神经系统的发育优于其他系统，神经活动的兴奋和抑制过程呈不平衡状态，兴奋过程占优势，表现为活泼好动，精力充沛；由于新陈代谢过程旺盛，疲劳也容易恢复，模仿能力较强，容易建立条件反射，但动作不够协调精确，不巩固，易消退，神经活动中第二信号系统的活动还不完善，抽象思维能力较差。因此，在体能训练中要多做示范，多采用直观形象的手段与方法，使他们能直接感觉到形象和各肌肉本体感觉，形成正确的动力定型。

（2）骨骼系统。青少年队员骨骼迅速增粗和加长，一般平均每年长 7 ~ 8 厘米，有的长 10 ~ 12 厘米。12 ~ 14 岁的少女和 13 ~ 15 岁的男子处于性成熟的前期，骨骼的生长速度加快，骨的成分比成年人胶质多，钙质少，未完全骨化，骨的弹性和韧性较好，但承受力和张力不如成年人。在体能训练中，要注意身体的全面发展，防止局部负担过大，多做对称性练习，并用多种方法交替进行。这一阶段宜做速度跳跃的练习，促进骨骼的增长。力量训练时要注意负荷，避免大重量的练习或过多采用静力训练，不宜在水泥或沥青场地反复进行跳跃练习。

（3）肌肉系统。青少年队员肌肉中水分较多，蛋白质含量较少，随着年龄的增长，肌肉中的蛋白质含量逐渐增加，肌肉的收缩和弹性也随之提高，但柔韧性相对降低。肌肉的重量也随年龄的增长而增长，8～12 岁肌肉生长速度开始加快，尤其是 15～18 岁增长最快。在 12～15 岁阶段肌肉主要是纵向增长，肌肉雏形是细长的，与成年人相比，肌肉横断面积较小，肌肉的收缩力、伸展性、弹性和耐抗力不如成年人。因此，在发展肌肉力量时，宜多做多种徒手练习，不负重的跑和跳跃练习来发展肌肉力量。15 岁开始，适当增加负重量。发展力量应以动力的练习为主，宜多做助跑起跳、变向移动、挥臂击球等练习。要增强肩、膝、踝和腰背肌、腹肌的力量，多做一些带有爆发性而又能很快自然放松的练习。要注意发展小肌肉群的力量，保证身体得到全面发展。

（4）心血管系统。青少年队员心肌纤维短而细，肌纤维之间的间质较少，心脏重量比成人小。随着年龄的增长，心脏的重量、容积及其心率不断变化，到 18 岁时接近成年人水平。心收缩力较弱，心排血量较小，但新陈代谢旺盛，交感神经系统占优势，心率比成年人快，心脏功能和神经系统的调节均不及成年人，但血管弹性优于成年人，血压比成人低，16～17 岁时血压接近成年人水平。因此，在对队员进行体能训练时应合理安排运动负荷，少儿队员不宜做持续而紧张的耐力性练习，随着年龄的增长，可逐渐增加耐力训练的比重，但练习密度可大些，间歇次数要多些，13～14 岁以后可以承受较大的运动负荷，但要循序渐进、区别对待。应多做一些促进血液循环系统功能的练习。例如，间歇竞赛跑游戏、打篮球、踢足球等活动，以提高血液循环和呼吸机能。

（5）呼吸系统。青少年的呼吸系统处在生长发育的过程中，他们的呼吸频率较快（12～13 岁约为 12～14 次/分），呼吸深度和肺通气量均比成年人低，屏气时间较成年人短；随着年龄的增大，呼吸机能逐渐提高。因此，在进行体能训练时，要突出以强度为主的间歇性训练，避免强度较大且持续时间较长的练习。训练强度应循序渐进，不能要求过急。要培养他们加大呼吸深度和使呼吸与动作配合的能力，尽量减少屏气活动。

（6）女队员青春期。女队员从 11 ~ 13 岁就进入了青春期，在生理和心理上产生了较大的变化，在经期进行体能训练时，容易使她们在精神上产生恐惧和紧张感。因此应严格遵守区别对待的原则，对月经期反应正常的队员，可以进行适当训练，但要合理选择体能训练内容，减少或避免剧烈的跳跃、静止用力、猛烈的收腹、收腿动作和长时间屏气动作。经期适量训练，能促进血液循环，调节大脑皮质的兴奋和抑制过程，有利于减轻或消除经期中的不良反应。对刚出现月经期和月经期没有训练习惯的队员应注意循序渐进，逐步提高她们适应训练的能力。经期训练应避免做跨跳、劈腿和剧烈的活动。如发现月经失调，应进行医务检查，调整或停止训练。平时应注意加强腰腹肌和盆底肌的锻炼，可以预防痛经等不适反应，而且对于提高动作的灵活性有很大的帮助。总体而言，针对不同年龄、不同性别的气排球运动员，规定和采用不同的教学训练任务与内容，科学训练，才能真正做到促进健康，提高运动成绩。

二、气排球体能训练的内容与要求

（一）内容

气排球体能训练要根据气排球运动的特点，采用专门的训练手段来发展与气排球运动水平有直接关系的专项身体素质、机体机能能力和身体形态。气排球队员的体能训练分为一般体能训练和专项体能训练。

1. 一般体能训练

指根据专项体能的需要，在运动训练中以各种身体练习的形式、训练方法和手段，来提高队员全面的基础运动素质、增强各器官系统的一般机能和改善身体形态，使他们掌握一般体能训练的理论与知识，为队员专项体能最大限度的提高打好多方面的基础。

2. 专项体能训练

指以专项运动动作或与专项运动动作在特点上相似的运动动作作为练习形式，采用各种训练方法和手段，提高专项技、战术所需要的专项运动素质、机体各器官系统的专项机能，形成专项身体形态，使运动员掌握一定专项体能训练的理论与实践知识，最大限度地提高其专项运动成绩。

3. 体能训练的主要内容

从气排球运动员专项运动素质的角度来看，体能训练的主要内容有：

（1）力量素质：包括腰腹力量、腿踝力量、手臂力量、手指力量、手腕力量等。

（2）速度素质：包括反应速度、移动速度、起跳速度、挥臂速度。

（3）弹跳速度：包括原地弹跳、助跑弹跳、连续弹跳等。

（4）耐力素质：包括移动耐力、弹跳耐力、速度耐力等。

（5）灵敏耐力：包括腿、手、腰、腹的协调配合能力及场上的灵活应变能力等。

（6）柔韧耐力：包括肩、髋、膝、踝、腕等关节活动的范围等。

（二）基本要求

1. 体能训练必须全面安排

气排球运动需要全面的身体素质，且各身体素质间又彼此联系，相互依存，相互促进，因此在体能训练中要全面安排。在发展专项运动技能的前提下，应全面安排和充分发展运动员的各项运动素质，提高一般身体机能水平。尤其是青少年时期，更应进行全面体能训练。此举不但有助于提高一般身体机能水平，还可减少训练的枯燥感，提高运动员的练习兴趣，对专项训练起调节作用。

2. 科学系统地安排体能训练比重

教练员要根据比赛的准备期，合理系统地规划整个训练过程的体能训练，从内容、比重、手段、负荷等方面也应作出系统安排，尤其是在青少年时期以及达到高水平成绩之后，更应周密考虑。一般说，青少年运动员体能训练的比重要大些，成年运动员可相应小些。训练的不同阶段，体能训练的比重也应不同，如冬训时体能训练就应小一些。训练的不同阶段对体能训练的侧重也不同，如青少年多进行全面训练，赛前阶段坚持力量训练等。

3. 处理好与技战术训练的关系

体能训练与技战术训练，既不是相互对立，也不可互相替代。体能训练是整个运动训练过程中不可缺少的组成部分。体能训练的内容、手段和方法，应紧密结合气排球技战术的要求，使体能训练能有效地满足技战术对体能的要求。在一般的基础上，体能训练必须根据技术、战术和专项能力特点充分发展专项所需的运动素质，以促进队员提高专项运动成绩。技术、战术练习是专项训练的重要内容之一，体能训练为技术、战术练习提供基础。掌握先进的技术是发挥训练水平的重要前提，因此体能训练要和专项技术、战术相结合。结合专项进行体能训练，能使运动员在身体形态以及机能方面对该运动项目的特殊要求产生适应，有利于专项成绩的提高。

4. 合理安排体能训练的时间和运动负荷

运动员在大脑皮质处于良性兴奋和精力充沛的状态下进行体能训练效果最好，也不容易受伤。同时，运动负荷安排要合理，既要有一定的强度和密度，又要科学地掌握间歇和休息。

5. 加强体能训练的针对性

教练员在进行体能训练时要善于发现和掌握运动员的个体差异，并采取有针对性的训练手段与方法。体能训练的安排要因人、因项、因时而异。要从训练对象的个人特点、比赛要求、训练条件等实际情况出发进行安排，紧紧围绕提高专项成绩和技术水平这一最终目标进行。同时，又要根据队员的主观和客观条件以及专项需要，合理确定和安排体能练习的内容与负荷；此外，还应使队员的运动素质在各个方面按比例平衡发展，以适应提高运动技术水平的要求。

6. 体能训练的方法和手段要多样化

单调的训练方法使训练枯燥乏味，影响队员的训练积极性，也不能适应气排球运动对体能的要求。对于同一训练内容也要不断变换训练手段与方法，提出不同的要求，如采用竞赛、游戏、测验评比等方法，激发运动员的训练欲望，这样才能收到良好的训练效果。

三、体能训练的发展趋势

（一）重视科学选材和科学训练

科学选材主要是通过遗传学的理论，结合气排球运动的专项要求，探索对气排球运动员形态、生态、心理、智力测试和评价的选材指标和方法，选拔在气排球运动项目上有突出才能和发展潜力的人才的研究。科学训练主要是通过对气排球运动训练的状态和规律的探索，根据气排球运动的特点和训练任务，研究如何采用专门的训练方法和手段，有效地发展专项所需的各种特殊的体能、技能和智能，为直接促进气排球运动员竞技能力的全面提高和发展创造条件，同时包括对影响训练的因素，如运动负荷、训练效果的评定，以及训练与竞赛的关系进行研究。

（二）运动人体科学研究直接服务于体能训练

在当今全民健身、全面提升国民体质的热潮中，运动生理学、运动生物化学、运动医学等科研工作者走出实验室，深入各个运动场所，为运动实践服务。通过监测运动员的生理机能，合理安排运动负荷，探讨加速运动后运动员体能恢复的手段；在不同时间间隔内测量乳酸的含量，为加大运动强度提供依据；研究心肺功能，为运动训练提供参考等。

（三）传统和现代训练方法相结合，训练手段趋向多元化和模式化

作为排球运动的衍生项目之一，气排球运动接受了竞技排球传统的持续、间歇重复、循环和比赛训练法的精华。随着这项运动的普及，高水平专业队伍的逐步进入，核心训练、功能恢复训练等新的方法和多元化的手段也陆续被引入。如为提高队员的灵敏协调性，采用绳梯、平衡盘、瑞士球等，利用弹力带提升力量素质等。

（四）高度重视功能性训练和高效能的恢复训练

目前的排球项目的体能训练，已突破单一的传统体能训练模式，走向功能性发展道路。功能性体能训练更加贴近技术动

作模式，强调多关节运动链的作用和人体非稳定状态下的动作稳定性。加强功能性体能训练，对进一步提高气排球运动员的竞技能力有重要作用。气排球专项训练也越来越重视高强度形势下的恢复训练。训练内容的安排上注重合理搭配，大负荷训练后进行形式多样的牵拉运动，有利于造成扭转的肌纤维重新归位与排序；大力量训练完成后的有氧运动，有利于加速身体机能恢复等。

（五）注重体能的整体性和分化性特征

整体性是指注重对体能训练中各要素的统筹与优化，注重对神经、肌肉和本体感的功能性训练，注重多关节运动的协调性训练，避免以往单因素（如速度）、单功能（如肌肉）、单关节体能训练的局限性。分化性，是指体能训练与专项训练结合得更紧密，方向更明确，训练更细化，体能特征更具专项性。气排球运动是一项间歇式的运动，即短时间爆发式的身体运动被短暂的间歇休息分隔开来的运动。它是由多次、短促、完整用力的有球技术（传、垫、发、扣、拦）和较长时间稍低强度的无球技术（暂停、换人、局间休息、死球等）所组成的间歇式运动，是以有氧供能为基础，有氧与无氧相结合的运动。整体性和分化性运用在气排球项目中，就是在体能训练单个或组合训练手段的选取中，尽可能准确把握气排球运动的功能特点，最大限度地包含气排球比赛所需的各种专项体能，以期达到各种体能最佳的整体协同。

第二节　气排球运动员体能训练方法

一、发展专项力量的方法

（一）发展专项力量的练习方法

1. 手指、手腕力量练习

（1）手指用力屈伸练习。

（2）手指或手掌撑地做俯卧撑练习。

（3）手指用力做握小皮球练习。

（4）单手或双手传足球或篮球。

（5）身体离墙 1 米左右，用手指做推撑墙动作。

（6）手持哑铃做腕绕环练习。

（7）用小哑铃或杠铃做腕屈伸练习。

（8）提抓铅球或沙袋练习。

（9）向下抖手腕做拍球练习。

2. 手臂力量练习

（1）单人各种抛球练习，用前臂和手腕动作将实心球抛起，用另一手接住，两手交替进行；双手背后将球抛起过头并接住；双手上抛，转体 360°接住仰卧，双手胸前向上传球，迅速起立接球；双手持球，弯腰从胯下向后上方抛球，转身接球。

（2）双手或单手持球上举，立姿或跪姿、坐姿，直臂或屈臂做向前、向后抛掷实心球练习。

（3）双人推小车比赛，正反向运动。要求身躯平直，手臂伸直。

（4）俯撑，脚尖固定，两手交换支撑绕圆圈移动。

（5）手倒立推起（在同伴帮助下）练习。

（6）俯撑，手足同时离地做向侧跳跃移动。

（7）双手持哑铃做前平举、侧平举和臂绕环练习。

（8）双手持哑铃肩后屈肘。

（9）徒手挥臂或做掷网球练习。

（10）肩上单手或头上双手掷实心球练习。

（11）自己或在同伴帮助下做侧手翻练习。

3. 腰腹肌、背肌力量练习

（1）单人徒手练习。

①仰卧起坐、俯卧体后屈、侧卧抱头侧上屈、仰卧举腿、肋木举腿等，可徒手或负重。

②双手置于头上，上体做前后屈、左右屈或大绕环练习。

③仰卧两头起。仰卧，两手臂和两腿伸直，同时向一起靠拢，手指尖触脚背为一次。

（2）双人徒手练习。

①俯卧，两手置背后，做体后屈，另一人固定其脚部。

②一人仰卧，双手握住另一人踝部，做快速收腹起，另一人推其脚背。

③凳上仰卧，举起两脚放在另一人腰旁，另一人握住其踝部，仰卧者伸直两膝用力起坐，用手拍自己的脚背面，然后双手在头后触地。

④左右侧卧起，另一人固定其脚。

⑤一人在凳上做仰卧绕“8”字回环，另一人固定其脚。

（3）实心球练习。

①双手持球或双脚夹球，在垫上做仰卧收腹或俯卧折体起。

②站立或分腿坐地，双手持球做体转和上体大绕环练习。

③两手持球，臂上举，做以腰为轴上体后屈的腹背运动。

④在垫上仰卧，双脚夹球，举腿到头上或头后，或上挺呈肩背倒立。

⑤双脚夹球跳起，将球向前、向上或向后抛出。

⑥一人仰卧于垫上，在其脚部稍远处站一同伴。同伴把实心球传给仰卧者，仰卧者接球坐起，同时将球用双手回传给同伴。

⑦坐在垫上，双手持球，从头上向背后掷实心球。

（4）杠铃和壶铃练习。

①做抓举杠铃的练习。

②斜板仰卧持壶铃或杠铃片做收腹练习。

③肩负杠铃或手持壶铃做上体屈伸练习。

④肩负杠铃做体前屈、体转、体侧屈练习（小负荷）。

⑤双手举一重物（杠铃片、哑铃等），做腰绕环。

4. 下肢力量练习

（1）矮子步行走，要求双手摸脚后跟，行走距离视能力的提高而逐渐增加。

（2）单、双脚跳绳及双摇跳绳练习。

（3）连续蛙跳、跨步跳、多级跳、单足跳练习。

（4）连续跳跃跃过一定高度的橡皮筋或栏架。

（5）跑台阶或双脚连续跳台阶。

（6）双足纵跳在空中转体。

（7）站立，两脚交替上踢，膝触胸。

（8）两人相向半蹲，连续侧滑步移动并做双手胸前传球练习。

（9）双脚夹球，跳起小腿后屈向上抛球后用手接球。

（10）在海滩、沙地或木屑跑道上及软垫上做各种跳跃练习。

（11）肩负队员半蹲起、全蹲起或左右脚交替做高凳上下练习。

（12）杠铃负重半蹲快速提踵。

（13）脚挂壶铃，做小腿屈伸练习。

（14）肩负杠铃坐在凳上，站起，连续做若干次。

（二）力量训练应注意的问题

1. 循序渐进，逐渐递增训练负荷

根据力量增长快消退也快和增长慢消退也慢的规律，当队员对某一负荷适应后应增加负荷刺激，使运动员始终处于不适应状态，不断打破旧的循环，建立新的循环。大负荷训练能使肌肉最大限度地收缩，从而刺激肌肉产生相应的肌力，使肌力不断地有所提高。实践证明，每周安排一两次力量训练可保持已获得的力量，只有坚持全年训练，才能使力量得以逐步增长。

2. 全面平衡发展

上下肢、前后肌群要平衡发展，离心收缩与向心收缩要成比例，主动肌、协同肌与对抗肌的放松练习也要纳入力量训练计划中。在一节力量训练课中，其安排应循序从卡肌群训练至小肌群的训练，并不间断。

3. 集中与分散刺激相结合

每次力量训练不应集中某一部位进行，集中刺激容易给机体留下较深的痕迹。集中刺激过于频繁，容易使局部肌肉产生疲劳甚至损伤。只有将集中刺激和分散安排结合起来，才能使身体各部位的力量协调发展，相互促进。

4. 训练手段和方法力求多样

任何长时间单一的练习方法都会使队员感到枯燥甚至厌倦，单一练习手段对队员机体的影响不可能是全面的。为了提高队员练习的兴趣，全面增强队员的身体机能，应根据力量训练的任务，结合队员的身心特点，力求训练手段和方法新颖、多样化。

5. 因人而异

要根据不同年龄、形态、场上位置、个体特征等因材施教，循序渐进。在少年期，应主要以克服自身阻力的形式，逐步提高承受负荷的能力，多采用动力性练习，以发展一般力量训练为主。在第一次性发育阶段，应尽量避免对脊柱有负荷的练习，用提高动作速度和改善肌肉协调功能来提高速度力量。在 16 ~ 18 岁可逐步承受最大力量的负荷训练。力量训练应在精力充沛时进行，身体疲劳时进行力量训练容易受伤，负荷大或达到极限强度时，一定要加强保护，避免伤害事故的发生。

6. 突出速度

不要片面追求负荷量和难度，关键是在动作正确的情况下选择适宜的负荷强度，重点突出速度。

二、发展专项速度的方法

（一）发展专项速度的练习方法

1. 反应速度练习

（1）起跑练习：看手势或其他信号向各个方向起跑，预备姿势可以是站立姿势，也可以是坐姿、跪姿或卧姿。

（2）追逐跑练习：全队队员分两队面对站立，相距 1 米左右，看教练手势或其他信号做追逐跑练习。

（3）冲刺钻球：教练员抛垂直球，队员定点起动，力争在球落地前从球下钻过；或教练员将球突然放手，让球下落并反弹起来，队员在第二次球落地前从球下钻过。

（4）冲刺接球：教练员单手将球高举，队员在 3 米处准备，当教练员突然抽手让球掉下时，队员冲跑在球落地之前将球接住。

（5）一名队员任意抛球，另一队员起动移动接球后抛回。或一名队员抛球，两名队员轮流接球，也可由一名队员抛球，其他队员绕过若干障碍物将抛出的球接住。

（6）转身接球练习：队员面对墙站立，教练员向队员后方掷出各种变换球的同时发出信号，让队员转身将球接住后再抛给教练员。

（7）垫墙上反弹球：队员面对墙 2～3 米站立做好准备，教练员从队员身后突然将球扔到墙上，要求队员将反弹回的球垫起。教练员扔球的角度要根据运动员的反应能力而决定，并掌握好练习的难度。

（8）追赶同伴练习：全队做圆圈跑动报数，做好追人的准备，教练员随机喊 1 或 2，被喊到的队员立即加速追赶前面邻近的队员，要求在外圈一圈之内追到。

（9）主动与被动拦网：两队员隔网相对站立，一人主动甩开对方跳起拦网，另人力争不被对方甩掉，而与其同时拦网。

（10）听信号反应练习：运用听觉信号，做出各种快速起动和冲刺、移动、变向、急停和跳跃练习。

（11）看手势反应练习：各种距离看手势起跑及冲刺比赛。

①绕过后面的队员做冲刺跑。

②绕过后面队员做一圈半冲刺跑。

③绕过前面的队员做冲刺跑。

④绕过前面的队员后，再踏上起跑线后做转身冲刺跑。

⑤前面队员绕后面队员一圈后，后面队员接力起跑冲刺。

⑥后面队员绕过前面队员后，前面队员起跑冲刺。

（12）两个队员各站在篮球板的两个角下，看教练员手势起跳，单手或双手摸篮板，然后移动摸罚球线或气排球场端线，如此往返 3 ~5 次，看谁完成的速度快。

（13）移动截球：教练员在网前，队员在中场准备，教练员向各位置抛出各种球，要求队员判断移动，在球未出半场或落地之前将球截获。

（14）垫起反弹球练习：队员背对墙面站立，自己对墙抛球并迅速转身将反弹球垫起。

（15）躲避球击：全队队员分成两队，一队站半场内，另一队站场外，场外队员用一球（或多球）掷向场内队员，场内队员进行躲避，被击中者出场或加入场外队直至场内队员全被击中。

2. 移动速度练习

（1）原地快速跑计时练习。

（2）做原地小步跑或高抬腿跑时，根据教练员发出的信号，突然向前加速跑出的练习。

（3）结合气排球场地练习各种移动步法：向前做小步跑或各种小碎步跑，向两侧做滑步或侧交叉跑，向后做后退跑或结合视、听觉信号做各种移动的互换练习。

（4）看手势快速起动，在进攻线和中线之间或端线和进攻线之间往返快速移动。

（5）根据教练员发出的视、听觉信号迅速起动、移动和制动，看哪个队员在规定的时间内移动距离长。

（6）“米”字形快速往返移动。

（7）跑中变方向。

①队员站在距离教练员 10 米的地方，看手势轮流起动跑向教练员。在离教练员 2 ~ 3 米时，教练员突然给两侧手势，队员不减速朝指定一侧跑过。

②同上，从 6 米处自动后退跑向教练，距 2 ~ 3 米时，教练发口令同时给手势方向，队员听口令转身朝指示方向一侧跑过。

③两队员相距 2 米，看手势迅速起动冲向教练员，约冲出 3 ~ 5 米后，教练员突然向两侧给手势，如指向右时，则左侧队员追向右侧队员，要求在 10 米内追上。

④第一排五六个队员呈纵队直线跑，看手势向两侧跑，看谁先冲出边线。

⑤同上，从后退开始，听口令转身，同时看手势向两侧跑。

⑥全队相距 2 米，呈两行跑，看手势向两侧互追。

⑦同上，呈两行后退跑，听口令转身，同时看手势向两侧互追。

（8）网前 3 米快速移动接起跳拦网练习。

（9）气排球半场对角线冲刺跑。

（10）移动拦网后，后退垫球，再助跑起跳扣球的组合练习。

（11）前后、左右连续移动垫球、传球练习。

（12）扣球、拦网、调整传球、防守、扣球的组合练习。

3. 挥臂速度练习

（1）徒手连续快速挥臂练习。

（2）扣吊球。要求动作放松，并有后振动作，抽打时肩部向上伸展。

（3）快速挥臂以扣球动作抽打标志物，如抽打树叶时，树叶应在扣球手臂上方最高处，抽打时肩部向上伸展。

（4）手持羽毛球、乒乓球掷远。

（5）两人一组，相距 10 米左右，相互单手肩上掷气排球，要求以挥臂扣球动作掷球，并且使球出手后与地面近似平行飞行。

（6）以扣球手法，在助跑起跳后挥、甩网球、垒球或羽毛球。

（7）做轻杠铃的提、屈、挺等快速练习。

（8）两人一组，相距 5 ~ 6 米，单手掷实心球。

（9）用传球动作快速抖动手腕 30 秒至 1 分钟，要求小臂放松。

（10）结合球做挥臂练习。采用一人抛球，另一人扣球，在肩的前上方要有一根橡皮条或绳代替气排球网，每组扣 30 次，两人交换。

4. 起跳速度练习

（1）连续跨跳、单足跳或蛙跳。

（2）连续做徒手助跑起跳扣球练习。

（3）连续跳跃 3 ~ 5 个栏架或一定高度的橡皮筋，要求脚落地后立即跳起，连续性和节奏感要强。

（4）连续起跳拦快球 10 ~ 20 次。

（5）30 厘米台阶跳上跳下 10 次计时。

（6）连续跳 3 ~ 5 个不同高度的栏架或橡皮筋，要求连接的速度要快。

（7）教练员按规定的节拍左右移动横杆，队员穿沙衣或手持重物跳过横杆。

（8）连续起跳扣半快球 10 ~ 20 次。

（二）速度训练应注意的问题

速度的提高不如力量训练的增长明显，所以速度训练要保持经常性，并对提高动作速度不断地提出具体要求。

一是速度训练应安排在队员中枢神经系统处于良性兴奋状态时进行，否则动作的协调性将受到破坏，快速完成练习的能力也会丧失。在每次训练课的前半部，在适应性练习后进行速度练习训练效果较好。训练中应结合气排球运动的特点练速度，应多采用视觉信号，让队员做出相应的反应动作。

二是专项速度练习要和专项技术训练紧密结合。专项速度练习可以帮助队员建立专项条件反射，从而能更快地提高专项技术的反应速度。实践证明，反应速度结合气排球场地和球来进行，比单纯练习提高的速度快。所以应结合专门技术练速度，与所采用的技术、战术特点相适应。

三是应以多种手段提高速度素质。要以与速度素质相关的其他素质促进速度素质的提高，特别是通过力量素质的训练来提高速度素质。

四是在进行速度训练时要注意运动员的年龄和性别差异。初中学龄段是发展速度素质的敏感期。这个年龄段的队员中枢神经系统的兴奋占优势，骨骼增长迅速，柔韧素质相应较好，这些都为提高频率、增大动作幅度提供了条件，应抓住这一时期，特别重视速度训练，积极地发展队员的速度素质。

五是速度训练可遵循超负荷原则安排在负重力量训练后，利用肌肉剩余兴奋的惯性动员更多的肌纤维参与运动。既可发展力量，又可发展速度，使神经始终处于灵活控制中，防止产生动作僵硬和不协调。例如，在进行杠铃训练后立即转入徒手的，与所运用的技术动作相似或相同的练习。利用肌肉剩余兴奋的惯性动员比平时徒手练习时会有更多的肌纤维参与运动，提高运动能力。

六是速度训练要防止产生不良影响的积累，如做完速度较慢的练习后要安排速度较快的练习，形成训练的良性转移。

三、发展专项弹跳力的方法

（一）发展弹跳力的练习方法

1. 徒手练习

（1）左右脚交替向前做跨跳练习。

（2）两腿深蹲连续向前做蛙跳练习。

（3）连续垂直跳起在空中做快速收腹练习。

（4）原地向前、向后、向左、向右做直膝连续跳跃练习。

（5）半蹲、全蹲纵跳起。

（6）原地连续做直膝向上跳练习。

（7）垂直跳起在空中做转体 180°、360°练习。

（8）单脚前跳，落地后立即双脚跳回。

（9）高台跳下后立即做冲刺跑练习。

（10）半蹲姿势从高台跳下后，立即再跳过低障碍物。

（11）利用高台或跳箱做连续跳上跳下（单、双脚）。

（12）双脚连续做左右跳过长凳前进。

（13）连续双脚跳越 3 ~5 个栏架。

（14）单、双脚向上跳跃抱膝或分腿跳，之后双脚落地。

（15）立定或助跑 1 ~2 步的跳高或跳远练习。

（16）以跨跳步行进或双脚向斜前方跳跃，也可单脚左右交叉跨跳步前进。

（17）做双脚连续向上方跳，跳起后收腿或展腹，或前后分腿胯下击掌。

（18）双线跨跳，两条线相距50厘米。

①双脚跨出、跨进、向前或向后连续跳。

②双脚两边跨越前进跳。

③单脚两边跨越前进跳。

④左脚跨过右线、右脚跨过左线跳。

（19）从40～100厘米的高台上跳下，再迅速跳上另一高台。或先双脚跳上一高台跳下后又立即跳上另一高台。

（20）连续做扣球或移动拦网练习。

（21）从高台上跳下后，立即再跳起做拦网或扣、吊球。

2. 结合气排球的各种起跳练习

（1）摆臂与起跳的模仿练习。

（2）摆臂与起跳的节奏练习。

（3）助跑与踏跳的结合练习。

（4）助跑与起跳空中平衡与滞空能力的练习。

（5）变向助跑起跳与跑动助跑起跳扣球练习。

（6）连续助跑起跳与跑动助跑起跳扣球练习。

（7）跳起空中连续拦扣球的练习。

（8）网前连续移动追拦吊球。

（9）45°角快速助跑至网前起跳，在最高处接抛球。

（10）低网原地起跳扣自抛球。

3. 结合其他器材进行的练习

（1）做后排助跑起跳挥臂向对方场区掷垒球练习。

（2）原地或助跑起跳摸篮球板（或一定高度的物体）。

①跳起单手连摸。

②跳起两手交换摸。

③跳起两手同摸一个位置后换摸另一个位置。

（3）两人跳接球练习。要求在空中跳接后立刻在空中传出。

（4）连续两边来回移动起跳。

①摸篮板的两个角。

②摸两个吊球。

③双手拦同伴在网上举着的两个球。

（5）肩负杠铃提踵。地面上放一块约 5 厘米厚的木板，队员前脚掌站在木板上脚跟站在地面上，肩负杠铃，抬头，挺胸，腰肌收紧，做提踵练习。如选用太重时，要在杠铃架上练习。

（6）肩负杠铃跳跃。用下肢最大力量的 50% 为负荷量，队员膝关节角度为 130°～140°，跳跃高度为 15 厘米，按规定的次数和组数进行练习。

（7）肩负杠铃半蹲起。下蹲时身体要保持挺直，膝关节的角度不要小于 120°，杠铃重量一般应控制在最大负荷的 75% 左右，整个动作由下蹲至直立，速度不要快，要慢慢地完成动作。

（8）仰卧双足蹬起杠铃。

（9）各种重量的抓举和挺举。

（10）连续快速拉起一定重量的杠铃，要充分伸展髋、膝、踝等关节。

（11）半蹲姿势跳起上抛 3～5 千克的实心球，要使用髋、膝、踝的力量上抛而不是只靠手臂的力量。

（12）助跑单脚或双脚起跳摸高，连续摸高练习。

（二）弹跳力训练应注意的问题

一是弹跳力水平较多地依赖于力量素质，而力量素质易消退。因此，弹跳力的训练需要多年规划和全年规划，常抓不懈。在全年计划中要安排好每一阶段的训练重点，一般情况下冬训期间弹跳力训练比重应大些，而且多采用力量素质练习的训练方法，比赛期间可减少弹跳训练，但结合气排球技术的弹跳比重应增大。即便在过渡期也要保持一定的力量训练，以维持或提高队员的弹跳力水平。

二是发展弹跳力应从发展肌肉力量开始，当具有一定水平后，应同时并举地发展肌肉力量和收缩速度。弹跳力水平主要是通过爆发力表现出来，采用大负荷强度训练是提高爆发力有效的方法，但要根据具体情况因人、因时而异。初学者的弹跳训练宜采用数量上的刺激，对有一定训练水平的队员宜采用强度刺激。在队员精力不集中或疲劳时，不能勉强进行。要充分做好准备活动，防止受伤。

三是发展与弹跳力相关的主要肌群的速度性力量训练。即大腿前群肌肉和小腿后群肌肉组成的伸膝肌群、屈足肌群和腰背伸肌肌群的爆发力训练。同时还要注意关节、脚踝等小肌肉群及韧带的爆发力训练。要使身体各部分的爆发力真正为跳得高、跑得快、滞空时间长服务。在弹跳力训练中加强对协调性的训练也是必不可少的内容。注意安排一定数量的超等长训练。发展弹跳力的方法较多，其中超等长训练是使弹跳力提高较快的一种方法。如多级蛙跳、跳越栏架、跳台阶和跳深等。但运用超等长练习方法时要慎重，要在队员有一定的力量基础时才可使用，并与其他方法结合使用，以免因训练过度造成伤害。

四是发展弹跳力与专项技术相结合。在弹跳力训练中所选用的练习，应与气排球动作结构和用力性质相一致，这样所发展的力量不需转换，可直接运用于专项技术。因气排球运动中各种击球活动的时机、方法变化较大，要适应这些变化，就必须加强专项弹跳技术的训练。

四、发展专项耐力的方法

（一）发展专项耐力的练习方法

1. 弹跳耐力练习

（1）连续的小负荷多次数的力量训练。

（2）规定次数、时间、节奏的跳绳。如 5 分钟跳绳练习：双脚双摇跳 30 秒钟，左脚弹跳 1 分钟，右脚弹跳 1 分钟，完成两个循环正好 5 分钟（可根据训练水平调整负荷）。

（3）连续跳上跳下台阶或高台。

（4）连续原地跳起单或双手摸篮板或篮圈。

（5）连续收腹跳 8～10 个栏架。

（6）用本人弹跳 80% 的高度连续跳 20～30 次为一组，跳若干组，组间休息 2 分钟。

（7）个人连续扣抛球 10～20 次为一组，扣若干组，组间休息 3 分钟。

（8）两人轮流连续扣抛球 30～50 次为一组，组间休息 2～3 分钟。

（9）3～5 人一组，连续滚翻救球，每人 30～50 次。

（10）扣防结合练习，队员扣一个球退到进攻线防守一个球，连续进行 10～15 次为一组。

（11）连续移动拦网：队员在 3 号位原地跳起拦两次，落地后移动至 4 号位拦两次，再回到 3 号位拦一次，移动到 2 号位拦两次，再回到 3 号位拦两次。如此重复 2～3 个循环为一组。

2. 移动耐力练习

（1）看教练员的手势连续向右前、前、左前方进退移动，2～3 分钟为一组。

（2）36 米移动：队员站在进攻线后看信号起动。前进时必须用双手摸到中线，后退时双脚必须退过进攻线，前进、后退，两个来回后接侧身滑步或交叉步移动（不许转身）两个来回，用单手摸线，然后做钻网跑，单手摸对方场区进攻线，折回时单手摸出发线。

（3）连续的跑动滚翻或鱼跃救球。

（4）队员连续移动接教练员抛出的不同方向、不同弧度的球。

（5）单人全场防守，要求防起 15 个好球为一组。

（6）队员连续移动接教练员掷出的不同方向、不同距离的地滚球。

（7）个人连续的跑动传球或垫球 10～15 次。

（8）30 秒移动：距离 3 米左右，连续做 5～8 组。中间间歇 15 秒。

3. 综合耐力练习

（1）身体训练以后再进行排球比赛或比赛以后再进行身体训练。

（2）技术训练以后再进行篮球或足球比赛，或其他游戏活动。

（3）象征性的气排球比赛模仿练习：如队员从 1 号位防起一个扣球，之后前移防起一个吊球；移动到 5 号位调整传球一次，再移动到 4 号位扣球一次；移动到 3 号位做一次拦网动作，后撤上步扣球，再移到 2 号位一次单脚起跳扣球为一组，连续做若干组。

（4）连续打 5～7 局或 9～11 局的教学比赛，可训练比赛耐力。

（二）耐力训练应注意的问题

一是耐力素质属于基础素质，应在全年训练计划中做好统筹安排。通常在冬训或一年训练之初多安排一般耐力的训练，作为全面训练的基础；在夏训和赛前可减少一般耐力的训练，增加专项耐力的训练；在比赛期间要酌情安排专项耐力训练，但不宜过多。

二是耐力训练应注意年龄特点。队员在身体发育成熟前，应着重发展其有氧耐力，而不宜进行大量无氧耐力的训练。对这一阶段的少年儿童，可根据情况，适当穿插些无氧耐力训练，但其强度不能超过大强度，重复次数、组数要少，组间休息要充分，并以掌握较为熟练的技术动作练习为主，以免破坏技术动作结构，影响协调能力的发展。随着身体发育的不断成熟，应逐步加大无氧耐力的比例，为专项竞技能力的提高奠定基础。

三是紧密联系气排球专项运动的实际，各种技、战术和身体训练只要安排得当都可以提高耐力，特别是在技术、战术训练中，在时间、密度、强度的安排上应有意识地结合气排球耐力训练的要求。在形式上接近实战，在量上要超过实战。采用极限训练法、间歇训练法和循环训练法，都能有效地促进耐力的提高。

四是耐力训练对队员的意志品质要求较高。坚强的意志能充分发挥队员的内部动因，提高抗疲劳能力，促进耐力训练水平。因此，在耐力训练中，要注重队员意志品质的培养。

五是耐力训练要持之以恒。耐力素质消退较快，要经常进行耐力训练。每周至少应坚持一次有一定强度的耐力训练，才能使耐力素质得到保持。

五、发展灵敏素质的方法

（一）发展灵敏性素质的练习方法

1. 控制性练习

（1）两臂同时分别向前、后绕环。按教练员口令，两臂分别做不同顺序、不同起始节拍的动作。左手前平举，右手在体侧不动；左手上举，右手前平举；手侧平举，右手上举；左手下放体侧，右手侧平举；左手不动，右手还原。

（2）两足开立和并拢连续跳跃，双手从体侧平举至头上击掌，最后还原。

（3）分足跳时，双手头上击掌，并足跳时，双手侧平举。

（4）连续交换单足跳跃。前踢腿时，双手触足尖；后踢腿时，双臂上振，反复进行。一条腿前踢落地后换另一条腿后踢。

2. 单人垫上练习

（1）连续做前（后）滚翻练习。

（2）做左右侧滚翻练习。

（3）做鱼跃前滚翻练习和手撑兔跳练习。

（4）做直体前扑→手掌胸前击掌→推起穿腿→蹬足练习。

（5）做前滚翻→左（右）横滚动→快起→原地鱼跃→跪跳起练习。

3. 双人及多人垫上练习

（1）双人前滚翻练习。

（2）双人鱼跃横滚翻前进。

（3）三人两边交叉鱼跃横滚翻。

（4）三人两边鱼跃前滚翻练习。

4. 橡皮筋垫上练习

（1）高度 1 米左右（也可根据队员弹跳高度确定），双脚跳起收腹将橡皮筋踩下，再接前滚翻，或接跪跳起，或接鱼跃前滚翻。

（2）一定高度的侧手翻过。

（3）双脚跳过橡皮筋接跪跳起后再跳过橡皮筋。

（4）两条橡皮筋，跳过一条后接俯卧撑，跪跳起后再跳过另一条。

（5）一定高度的兔跳从下面过，臀部不得碰橡皮筋。

（6）一高一低两条橡皮筋，中间距离尽可能小些，做鱼跃前滚翻，从中间过要求上下不得碰橡皮筋。

5. 弹跳板练习

（1）原地或助跑高跳，做收腹展腹练习。

（2）做前、后或左、右分腿跳。

（3）做前屈体摸脚面。

（4）两次转体、落地后接前滚翻或接鱼跃前滚翻。

6. 结合场地和球的练习

（1）根据不同信号，队员分别做快速起动、制动、变速、变向及跳跃、滚动等动作。

（2）队员做拦网落地后，接鱼跃或滚翻垫球，再上步扣球。

（3）队员做前扑→向后撤步移动→向前单足蹬地鱼跃→向侧后滚翻的组合练习。

（4）持球躺在地板上，自己向上抛球后立即起立将球接住。

（5）将球用力向地面击打，待其反弹后从球下钻过，反弹一次钻一次，力争钻的次数多，可以两人比赛。

（6）每人一球，连续运球从教练员拍的球中钻过。

（7）3 人一组，中间队员分别接两边队员的平抛球做向后倒地传球。

（8）两人一组，一人侧传另一人抛来的低平球后接滚翻，若干次后交换。

（9）两人一组，一人跳传另一人抛来的球后接着做立卧撑，若干次后交换。

（10）教练员灵活运用扣、吊或抛球的方法支配球的速度和落点，队员判断翻动取位将球回传（垫）给教练员。

（11）教练员灵活运用扣、吊球手法，将球击到边（或端）线附近，队员移动垫球，界内球可接，界外球不要接。

（12）网前拦网一次，转身退到进攻线救一个球，然后回到网前传一个球。

7. 游戏性练习

（1）两人相对站立做相互躲让或击打对方背部的游戏。

（2）喊谁捉谁：在排球场内，全队分散站，教练员喊谁的名字，大家一起跑过去捉他。突然喊另外一个队员的名字，又改捉另一人，可以连续喊不同队员的名字，使全队队员不停地跑起来。

（3）听哨音捉人：全队分为两人一组，可任意跑动。教练员吹一声哨，1 数追 2 数；吹两声哨，2 数追 1 数；吹 3 声哨大家都停住不动。

（4）“老鼠”出洞：大家手拉手站成圆圈。圈内两人为“鼠”，圈外 4 人为“猫”。“猫”不让“鼠”出洞，“鼠”互相配合把“猫”晃开，从两人手下钻出就算出洞 1 次，以出洞 3 次为胜。在出洞过程中被“猫”摸到，则这次出洞无效。大家轮流担任“老鼠”和“猫”的角色。

（5）叫号折回跑比赛：队员分 3 排在端线后按 1、2、3、4 号站好。教练员喊号，3 排中被喊的队员一同跑到规定距离折回，先到者得 1 分。教练员可任意喊号，也可以重复喊号，最后得分多的队获胜。

（6）活动球篮的篮球赛：两队篮球赛，每队由 3 人手拉手做成一个“篮”，人可在本队半场内自由跑动，但不能缩小篮圈。其他人可以互相传、抢球，争取投进对方的“篮”，但接球的人不能运球跑，只能传。

（7）持球跑 3 次后仰接力赛：全队可分为 3 组进行。第一人持球在端线外预备听信号后起动，双手持球向前跑，每跑到进攻线及端线时，须后仰一次，要求球不得离手，手不得扶地，在端线外站起后把球抛回本组第二人。第二人接球后必须在端线外后仰一次，或拿球触及端线再起跑。最先跑完的队获胜。

（二）灵敏素质训练应注意的问题

一是气排球运动中的灵活性是由判断能力、反应速度、移动速度、爆发力和协调性几种素质与气排球技术结合而成。灵活性训练要求队员注意力集中，动作准确快速，因此应把灵敏素质训练放在课的前半部分进行。

二是灵敏性训练要注重对腰、腹、背的训练，它们是连接上下肢的纽带，各种全身活动都离不开它们的配合，对于身体的灵活性起着重要的作用。

三是灵敏素质训练应以视觉信号为主。在气排球运动中，运动员的灵敏性反应多来自对已观察到的情况的判断，根据观察与判断及时地作出动作反应，所以要积极发展运动员的观察能力，提高他们神经系统的反应能力。

四是根据年龄特点，安排好灵敏性训练。13～14 岁以前，通过训练来发展灵敏素质可以取得较大的效果；15～16 岁是快速生长期，灵敏性增长较慢；到 18 岁以后灵敏性又以稳定的速度增长。训练中要根据运动员生理特点和实际情况，抓住灵敏性发展的规律和时机，科学地安排训练，这样才能得到良好的效果。

五是灵活性训练的内容和动作设计应考虑到气排球技术动作的需要。如滚翻、前扑、鱼跃、起立、起跳、空中动作、击球、转体等，应紧密结合技术的实际，使灵敏素质的提高能更直接地应用到实际比赛中。

六是灵敏素质是由多种素质结合而成的，不是单独训练可以完全获得的，因此在训练灵敏性时应注意与其他素质训练结合进行，以得到更好的效果。

六、发展柔韧素质的方法

（一）发展柔韧性素质的练习方法

1. 发展手指、手腕的柔韧性

（1）两手相对指尖向上互触，反复弹压练习。

（2）压腕练习。

（3）手持短器械做腕绕环练习。

（4）队员一手侧扶肋木，两腿前后分开，脚跟着地并固定，做前、后转腕练习。

2. 发展肩关节柔韧性

（1）两臂前后绕环和上下摆振练习。

（2）手扶墙（或肋木）压肩、压腰练习。

（3）在单杠和肋木上做单拉肩、双拉肩练习。

（4）两人相对，手扶对方肩部，同时做体前屈压肩练习。

（5）背对肋木坐下，两手从头上握住肋木，两脚不动，腰尽量向前挺起，持续数秒钟。

（6）两人背向站立，双手互握，左右侧拉。

3. 发展腿部的柔韧性

（1）两腿交换做前、后、左、右摆振练习。

（2）各种踢腿动作：向前踢、向后踢、向侧踢等。可以徒手做，也可以扶墙、树干或肋木做。

4. 发展腰、髋的柔韧性

（1）上体弹振前后屈（后屈时加弹性阻力和保护）。

（2）双手握单杠或吊环做腰回旋动作。

（3）队员背对背做直臂的互握，平举或屈肘互勾做大幅度转体动作。

（4）正压腿，侧压腿（地上或肋木上）。

（5）纵劈腿，横劈腿。

（6）屈腿坐下，两脚掌心相对，双手将膝关节向下弹压。

（7）背向双手头上握肋木，双脚固定做腰、髋前挺练习。

5. 发展踝关节柔韧性

（1）跪坐压踝。

（2）负中等重量，踝关节做屈伸动作，如提踵。

（3）脚放在高约 10 厘米的木板上，足跟着地，做负重全蹲练习。

（4）点起脚尖，做踝关节的绕环练习。

6. 其他练习

（1）俯卧背后击掌和仰卧挺腰练习。

（2）在各种凹凸形地面或器械上连续跳跃和跑动练习。

（二）柔韧性素质训练应注意的问题

一是柔韧性素质不仅与性别、年龄有关，而且与中枢神经系统的兴奋性有关。经过一定时间的准备活动以后，队员情绪高昂，体温升高，肌肉内部的黏滞性降低，膝关节软骨增厚，所表现出来的柔韧性也较好。因此，柔韧素质的训练应安排在课的前半部分，尤其要在队员精力充沛、情绪高涨时进行效果最好。

二是柔韧性训练要适应专项的要求。排球运动所表现的柔韧性，不仅仅反映在某个动作中某一关节或身体某一部位上，它往往牵扯到两个或两个以上的关节和身体部位。因此在训练时要对包括主要柔韧性活动区在内的各相关关节、部位进行训练，同时，还要根据队员关节结构和体态的差异，结合专项技术适当加大其活动范围，但不能过度训练和提出过高的要求，避免因与技术要求不相符或过度训练引起的伤害事故。

三是应注意提高队员的协调能力。柔韧素质在某种程度上取决于运动机体的协调能力。队员在做动作时，各部位动作是否协调一致，使各部位动作按技术要求达到舒展程度，以及在完成动作中的主动肌收缩、对抗肌充分放松等，都与协调能力相关。此外，对柔韧性训练中协调能力的培养可以提高肌肉的舒展性，降低肌肉黏滞性，改善肌肉张力，把肌肉练得柔而不软，韧而不僵。

四是柔韧性训练要经常练习，使肌肉和韧带的伸展性不断得到发展。少年儿童关节面角度大、软骨厚，韧带较松弛，肌肉的伸展性较好且女生优于男生。在青年时期抓柔韧素质的训练效果好，经过训练提高快，但停止训练后消退也快，所以柔韧性训练要坚持不懈并持之以恒。

五是气温对柔韧性有一定的影响。天气暖和，全身发热时柔韧性较好；天气寒冷身体发冷时柔韧性差。为取得好的训练效果，进行柔韧性素质训练时，要注意外界温度的高低，当气温较低时，准备活动要充分，以身体轻微出汗为宜。

第六章　气排球竞赛组织与编排

第一节　气排球竞赛组织与管理

赛事的组织与管理是一项复杂细致的工作。管理与组织工作的好坏，直接影响到比赛能否顺利进行。

一、组织比赛的一般要求

一场比赛或一次比赛的进行，有三个前提需要考虑，即比赛的时间、地点、规模。

（一）比赛时间的确定

主要考虑几个因素：一是本次比赛所需时间长度，二是比赛时间安排同有关赛事的衔接，三是考虑赛事安排时间与项目特点相吻合，四是要考虑运动员实际情况。

（二）比赛地点的选择

对比赛地点的选择，要综合下列因素进行：

一是交通、接待条件。

二是体育设施、场馆条件。

三是举办地对该项目的兴趣、爱好。

四是考虑与上一级比赛在条件（地点、气候）上的相同。

五是注意调动各方举办竞赛的积极性。

六是从商业化、社会化效益角度考虑。

（三）比赛规模的确定

对一个比赛的规模应当统筹考虑，规模可大可小，要兼顾社会和经济两个效益。对比赛规模的确定，通常由两方面因素组成：一是比赛任务制约了比赛规模，二是比赛人数直接体现了规模。

二、气排球比赛组织与管理

组织管理，主要体现在赛前、赛中、赛后三个环节上。在管理上，主要有两个层面的工作。其一，竞赛组织策划者对比赛的组织与管理，主要内容是对比赛时间、地点、规模的确定，对竞赛组织机构的成立及策划竞赛中协调各部门的工作，对大型比赛的开、闭幕式的要求与操作，对赛场的管理（观众、场地、器材、广告等）。其二，竞赛业务部门的管理工作。

（一）竞赛组织、策划者对比赛的组织与管理

1. 赛前组织与管理主要任务

（1）确定比赛的组织方案。

（2）审定竞赛工作计划。

工作计划内容包含工作计划细则、组织机构、经费预算和竞赛规程。

（3）确定组织机构。

①一般规模的组织机构：成立组织委员会或竞赛领导小组，下设办公室、竞赛组、裁判组和总务组四个小组，在组委会或竞赛领导小组的领导下工作，保证比赛各项工作的正常运转。

②较大规模比赛组织机构：成立组织委员会，下设办公

室、竞赛处、新闻宣传处、行政接待处、安全保卫处、电子技术处、仲裁委员会、裁判委员会八个分支机构。组委会负责制订、执行竞赛计划，审查和协调各分支机构的工作，处理和解决竞赛中出现的重大问题和总结工作。各分支机构在组委会的领导下各司其职，保证赛事各项工作的正常进行。

（4）组织开好赛前两个重要会议。

①全体组织委员会、各部门负责人、各队负责人的联席会议，一般由办公室主持。

②裁判长、教练员联席会议，一般由竞赛处主持。

2. 比赛中的管理

（1）开闭幕式的一般步骤与内容（略）。

（2）对场馆、设施、场地的布置与要求的管理。

（3）比赛中对竞赛过程的组织与控制。

成功的管理者应当做好如下几点。

①注意获取比赛中各种反馈信息，控制比赛过程；

②注意协调各部门工作；

③能较好地处理各部门分工职能与协调关系；

④能较好处理大会同运动队之间的关系；

⑤对突发情况有应变处理能力。

（二）竞赛业务部门（竞赛组）的主要工作

1. 赛前主要工作

拟定竞赛规则、组织报名、编排印刷秩序册、准备比赛用表格、安排练习场地、安排裁判员业务学习、安排教练员裁判长会议。

2. 赛中主要工作

安排竞赛工作、协调组织裁判员工作、审查运动员资格、处理竞赛问题、登记发布成绩。

3. 赛后主要工作

印刷成绩册、参加裁判员总结会、处理竞赛善后工作、总结竞赛工作。

第二节　气排球竞赛编排知识

一、编排工作的基本知识与工作程序

（一）编排工作的基本知识

1. 竞赛编排

指根据参赛队和竞赛规则，按一定的方法编排各队的比赛场次及日程。

2. 轮次

是控制比赛负担量和估算比赛时间的重要参数之一。一般认为，参赛队都相应地赛完一场球即比赛进行一轮。

3. 场数

估计比赛时间和比赛场地的重要参数之一，即一次赛事总计比赛场数。

4. 节数

比赛时间的计算单位，一般将一天时间分为上午、下午、晚上三节，是估计场地、时间的重要参数之一。

5. 场地容量

即一块场地在一节时间里可以安排的比赛场数，这是编排工作中的基本量度概念。

6. 抽签

是编排工作中必须采用的一种机遇性手段，也是确定运动

队在比赛中所处位置号的一种重要手段。

7. 种子队

种子队的编排方法在淘汰赛中经常运用。为了克服淘汰赛的不合理性，采用种子队编排方法，以保证水平高的队有较大的机遇进入下一轮比赛。

8. 位置号

运动员在竞赛秩序表中所处的位置号码叫位置号。如：单循环编排时，1—2、3—4。

9. 竞赛负担量

指一个队根据规则在一定时间的比赛场数（次），这是控制比赛运动量和保证比赛进行的主要依据。

（二）编排工作的基本程序

1. 编制比赛的每一轮比赛秩序

根据特定方法，编制出淘汰或循环制的比赛秩序。

2. 抽签进入自己的位置号

通过抽签等方法，确定运动队所处的比赛秩序中的数字位置，从而明确自己每一轮比赛的对手。

3. 编排竞赛日程

根据公开、合理原则，在准确掌握竞赛的轮数、场数、天数和场地使用情况及运动员运动负荷量等因素后，将比赛秩序日程化，是将比赛秩序落实到具体时段的一种方法。

4. 编印秩序册

秩序册是竞赛工作的指南。秩序册一般包括比赛的竞赛规程、组织委员会名单、办事机构名单、仲裁委员会和裁判委员会名单、运动队名单、活动日程表、竞赛日程表、成绩表等。

二、气排球竞赛制度、编排工作及成绩计算方法

（一）如何选择赛制

在组织一次比赛时，要权衡利弊，选择最佳的竞赛制度。而进行选择一般要考虑5个要素或5个重要的变量：一是完成全部比赛的比赛场次，二是完成全部比赛所需的时间，三是完成全部比赛所需的场地，四是比赛组织的公平性体现，五是比赛编排的可操作性或客观性体现。

（二）循环制的编排方法

循环制有单循环、双循环、分组循环。循环制的优点是各队比赛场次相同，公平竞争、机会均等，决定名次办法合理，能客观反映队伍成绩；不足之处是比赛场次多，比赛周期长，对人力、财力、物力均有一定要求。

1. 单循环赛

参加比赛的各队之间均相互比赛一次，即为单循环赛。

（1）循环赛的比赛场数计算公式：场数 = 队数（队数 - 1）/2。

（2）循环赛的比赛轮数计算方法：参赛队为奇数时，比赛轮数等于队数，参赛队为偶数时，比赛轮数等于队数减1。

（3）单循环赛的编排方法。

①一般编排方法：采用“逆时针轮转方法”进行编排，先以阿拉伯数字为代号代替队名进行编排。把队数按U形走向分成均等两边，如遇单数队，最后一位数字为0。第一轮只要在U形相对队数之间画横线，即为第一轮比赛次序。第二轮开始，固定在左上角数字不动，其余数字均按逆时针方向移动一个位置，即为该轮比赛次序。如遇0队即为该轮轮空。表6－2－1是7个队参加比赛的比赛次序编排表。

表 6－2－1　7 个队单循环比赛的传统编排方法

第一轮	第二轮	第三轮	第四轮	第五轮	第六轮	第七轮
1—0	1—7	1—6	1—5	1—4	1—3	1—2
2—7	0—6	7—5	6—4	5—3	4—2	3—0
3—6	2—5	0—4	7—3	6—2	5—0	4—7
4—5	3—4	2—3	0—2	7—0	6—7	5—6

采用该方法编排的优点是：参赛各队进度一致，编排方法简单，易操作。存在缺点是：当单数队为 5 个及以上队数参赛时，抽签为倒数第 2 数字的那个队，则在第四轮开始每轮均是同轮空队进行比赛，如上述的数字 6 代表的队，由此产生了比赛的不公平竞争现象。为了解决这一问题，目前，气排球比赛大多采用国际上的一种编排方法——“贝格尔”编排法。

②贝格尔编排方法：第一轮同传统方法，第二轮开始的编排与传统方法大相径庭。第一步，最大号数（或 0 数）左右规则移动摆放在第一行的左或右边位置上，如第一轮该数位于右边，第二轮则摆动到左边，第三轮又移动到右边，如此反复。第二步，将上一轮右下角数字提到该轮第一行同最大数（或 0 数）相对应。第三步，将其他数字按数字同右下角提到第一行的这个数字的前后次序关系进入位置。表 6－2－2 是 7 个队参加比赛的比赛次序编排表。

表 6－2－2　7 个队单循环比赛贝格尔编排方法

第一轮	第二轮	第三轮	第四轮	第五轮	第六轮	第七轮
1—0	0—5	2—0	0—6	3—0	0—7	4—0
2—7	6—4	3—1	7—5	4—2	1—6	5—3
3—6	7—3	4—7	1—4	5—1	2—5	6—2
4—5	1—2	5—6	2—3	6—7	3—4	7—1

2. 双循环赛

参加比赛的各队之间均相互比赛两次，即为双循环制。双循环赛通常分为两个阶段，由两个单循环赛组成。第二循环比赛方法可与第一循环完全相同，也可根据第一循环比赛的成绩，采用抽签，重新确定各参赛队在第二循环中的比赛序号，然后进行编排。双循环比赛次序编排方法与单循环比赛次序编排方法相同。

3. 分组循环赛

是在参赛队伍较多时经常采用的编排方法。通常分为预赛和决赛两个阶段，预赛是把比较多的参赛队伍先分成若干个小组进行比赛，赛出小组名次；决赛是将预赛中各个小组产生的名次进行相应的比赛，决出最后名次。

（1）预赛阶段。

预赛的分组循环赛竞赛次序编排方法一般采用单循环编排方法。为了保证各个小组参赛队伍的水平相对平均，最大限度克服分组的队伍实力不公平现象，通常要设立种子队进行编排。分组循环赛一般按分组数或分组数的 2 倍数确立种子队。

设立种子队抽签分组时，由种子队先抽签，确定各种子队的组别，然后其他各组再抽签进入各个组别。不设立种子队进行抽签分组时，可根据上届比赛名次进行“蛇形”编排，如 16 个参赛队分成 A、B、C、D 4 个组，进行“蛇形”编排分组。

（2）决赛阶段。

决赛阶段比赛可以有多种不同的编排方法，包括同名次赛、循环赛、淘汰赛及淘汰附加赛（具体详见混合制编排方法）。

4. 循环制比赛日程的编排

依据排好的比赛次序表，再按规程规定的方法将数字换成队名，然后填于次序表中，最后编好比赛日程表（见表6－2－3）。编排日程表时要尽力做到各队的比赛场地和比赛时间机会均等。

表6－2－3　比赛日程表

日期	时间	组别	比赛队	场地
4月8日	19：30	女	福建—广东	室内一
	21：00	女	北京—厦门	室内一
	19：30	男	厦门—江苏	室内二
	21：00	男	福建—广东	室内二

5. 循环制成绩计算方法

（1）胜一场得2分，负一场得1分，弃权得0分，按积分多少决定名次。积分多者名次列前。

（2）如遇两队或两队以上积分相等，按计算C值的办法决定名次，C值高者名次列前：C值＝A（胜局总数）/B（负局总数）。如C值仍相等，则按计算Z值的办法决定名次，Z值高者名次列前：Z值＝X（总得分数）/Y（总失分数）。

（三）淘汰赛

淘汰赛主要是在参赛队数较多，比赛时间短且比赛场地极缺时采用。具有强烈的对抗性，输一次即失去比赛的资格，不利于锻炼队伍。目前，基层气排球比赛的参赛队数多，经常采用淘汰赛制。淘汰赛通常分为单淘汰和双淘汰两种。

1. 单淘汰赛

运动队按排定的次序进行比赛，胜队进入下一轮比赛，负队淘汰，赛至最后场比赛胜者为冠军，负者为亚军，即为单淘汰赛。

（1）单淘汰赛比赛场数：等于参赛队数减 1，如 8 支队参赛则比赛场数为 7 场。

（2）单淘汰赛轮数计算方法：计算方法为 2 的乘方数即比赛轮数（通常选择参赛队数最接近的 2 的乘方数）。如 16 支队参赛为 $16 = 2^4$，即比赛 4 轮；32 支队参赛为 $32 = 2^5$，即比赛 5 轮。

（3）单淘汰赛编排中如何设定种子队：单淘汰赛虽有对抗性强、容量大、节约时间等优点，但在理论和实践上却表现出一系列不合理性，最突出的是比赛偶然性大，因此，比赛中常用设立种子队方法来保证一些队不在前几轮中遇到淘汰。种子队一般由排名在前的队担任，种子队的数目一般是参赛队队数的 1/6 或 1/12。种子队在编排中的具体位置可以通过查找“种子队位置表”获得。

（4）单淘汰赛如何确定“轮空”队位置：当参赛队不是2的乘方数时，则须安排一部分具体数字的位置“轮空”，目的是使第一轮比赛队数正好是 2 的乘方数，以克服单淘汰赛的比赛次序不完整性。轮空数目等于编排采用的数字位置减去参赛队数。如 14 支队比赛则 16 − 14 =2，即有 2 个轮空数。轮空队在编排次序中所占的体数字位置可以通过查找“轮空位置表”获得。

例如，14 支队比赛编排方法：首先设立 2 个种子队，通过查表，获得编排次序中具体数字 1、16 分别是种子队所处位置；其次确定轮空数为 2 个，通过查表，分别获得次序表中具体数字 2、15 是轮空位置，具体编排次序如图 6 − 2 − 1 所示。

2. 双淘汰赛

运动队按照排定的次序进行比赛，失败两次才被淘汰，为

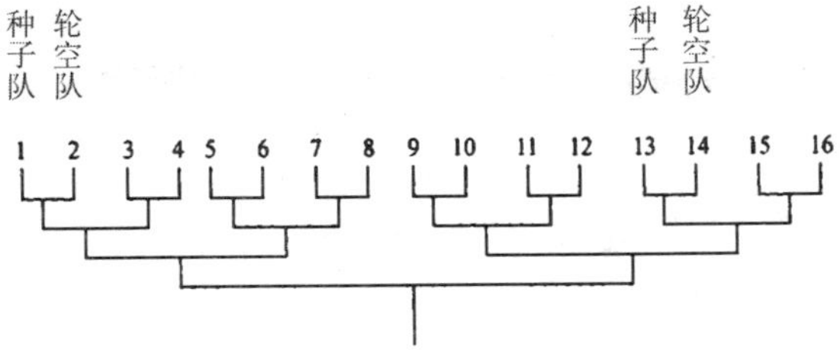

图 6－2－1　14 支队单淘汰赛编制次序

双淘汰赛。

（1）双淘汰赛的场数计算：比赛总场数＝2X－3（X 为参赛队数）。

（2）双淘汰赛的编排方法（见图 6－2－2、图 6－2－3）。

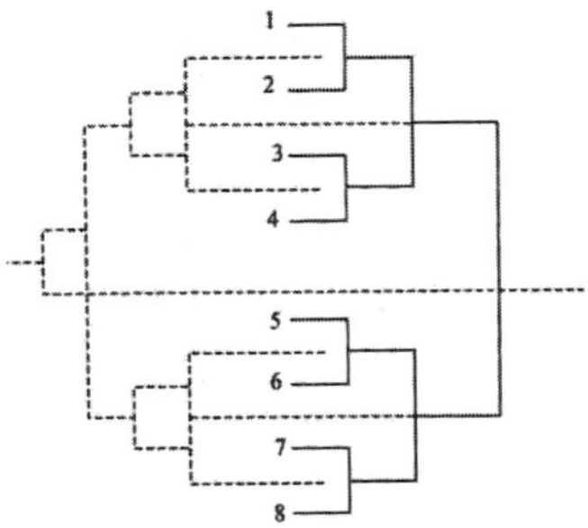

图 6－2－2　不交叉排表

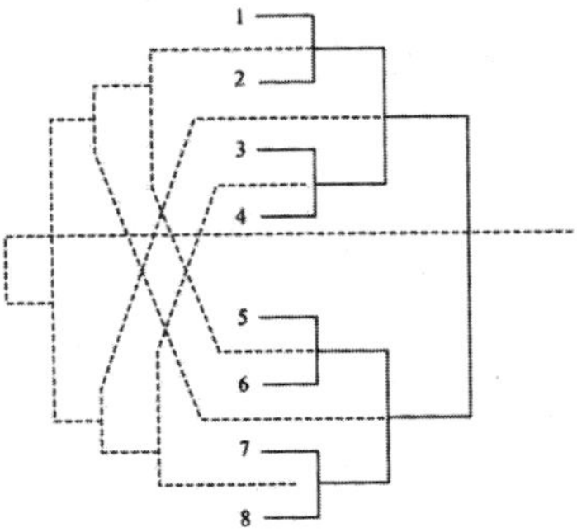

图 6－2－3　交叉排表

不交叉法便于解决同单位的队伍过早相遇问题，交叉法主要是解决两队重复比赛现象。

（四）混合制

混合制是结合淘汰赛制和循环赛制的一种竞赛办法。在气排球比赛中常见的有如下几种。

（1）第一阶段先分组进行单循环比赛：将参赛队分为若干个组，进行单循环赛决出各个小组名次。当队数超出 12 支队时，经常采用分组单循环比赛方法。

（2）第二阶段交叉决赛编排办法（见图 6－2－4）：在第一阶段循环赛的基础上进行第二阶段决赛。第一阶段各个小组前 2 名交叉决出 1～4 名，各小组 3、4 名决出 5～8 名，以后名次决赛办法以此类推。第一天先进行交叉赛，第二天胜者同胜者、负者同负者决赛。

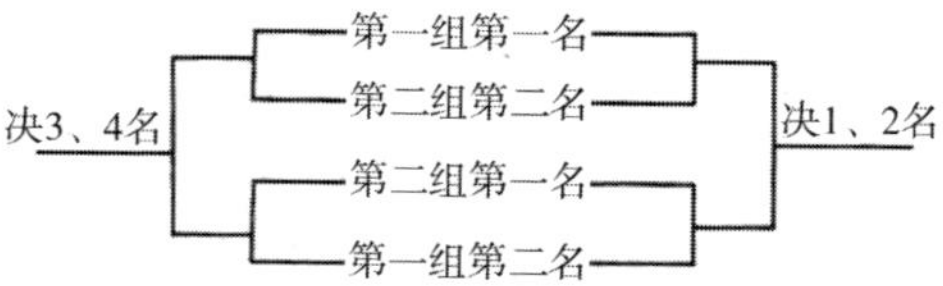

图 6－2－4　第二阶段交叉决赛编排办法

（3）第二阶段佩奇制决赛编排办法（见图 6－2－5）：在第一阶段各小组名次基础上举行的第二阶段决赛比赛编排方法。

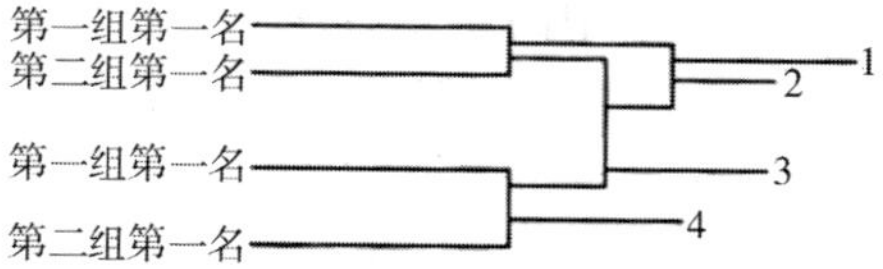

图 6－2－5　第二阶段佩奇制决赛编排办法

第七章　气排球竞赛规则与裁判工作

第一节　气排球竞赛规则与裁判概述

一、规则的作用

规则是对运动技术的统一规范与准则，是竞赛的主要法律文件。气排球竞赛规则由中国排球协会审定颁布。

第一，规则保证了比赛公平地进行，体现在比赛条件均等、参赛人数相等、比赛机会均等等。

第二，规则促进了运动技术水平的提高和合理发展，体现在规则的制定要符合技术与战术的发展规律和运动特点，规则的修改要促进技术与战术的发展。

第三，规则具有同一性与统一性，具体指比赛条件规格化、比赛方法与形式的一致性、比赛尺度的一致性。

第四，规则具有权威性与严肃性，体现在文字准确，文本有高度的概括性、指导性。

二、对气排球发展有重大影响的规则修改条文

自 1984 年气排球运动问世以来，随着参与者的条件和气排球特性的改变及其发展的需要，气排球规则也在不断地修

改：一是促进气排球运动技、战术的发展；二是气排球比赛的观赏性和连续性；三是保证参与者的安全，避免伤害事故。1986 年，呼和浩特铁路局老年队根据前一年在推广过程中发现的气球重量轻、定向差、传托不到位等问题，将场地由 5 米 ×10 米扩大为 6 米 ×12 米，场上队员由 4 人增至 5 人，增加球体重量，确定球网高度男子为 2 米，女子为 1.8 米，并初步拟定了一套比赛规定。

2005 年，由于第一本规则相对比较简单，在比赛实践中常常出现规则中未出现的情况，中国老年人体育协会结合气排球比赛的实践与需求，制定了《老年气排球竞赛规则》，规则中就场地面积、球网高度、比赛用球作了具体规定，并对比赛方法和比赛行为进行了修订。规则为控制运动量和赛时，比赛采用三局两胜制，先得 21 分为胜一局，当比分为 20：20 时，先获得 21 分即获胜该局；为避免一人大力发球而连续得分，规定每名队员只能发一次球，当发球队胜一球时，必须轮转发球；为保证攻守平衡，队员在前场区击球，球过网时，必须有明显的弧度；不能过网拦网等。2012 年 3 月，随着气排球参与人群层面的扩大，为了增加气排球比赛的观赏性、连续性，进一步促进技战术发展，中国老年人体育协会又对 2005 年的规则作了改动。为适应不同年龄群体的需要，增加了其他年龄组的网高，男子为 2.0 ~2.1 米，女子为 1.8 ~1.9 米；明确了场上队员的前、后（左、右）关系，并应根据其脚的着地部位判定；放宽了对过中线、触网的判罚；对拦网的定义作了新的说明，取消了“被动阻挡”“手腕、前臂不得主动用力下压”及“特殊击球”等条款，增加了“对方所有的进攻性击球（前排或后排的球）均可拦网”；对在前场区进攻性击球弧度提出了更明确的要求：“球的飞行轨迹没有高于击球点，球过网时没有明显方向的弧度（包括水平飞向过网），均判为进攻性击球犯规”；为使击球后的飞行速度变慢，利于防守，规定球的气压为0.16～0.17千克/平方厘米；为使比赛更精彩，第三局（决胜局）以先得到15分同时超过对方2分的球队获胜，当比分为14∶14时比赛继续进行至某队领先2分为止。

随着气排球运动的快速发展，参与人群层面的不断扩展，全国统一、规范的排球竞赛规则出台成为一种迫切需求。中国老年人体育协会、国家体育总局社会体育指导中心、中国排球协会召集各方专家，历时两年，总结原有气排球运动发展经验，继承、采纳原有规则的经验与优点，于2013年11月正式制定出版了由中国气排球协会审定的我国第一部《气排球竞赛规则》。这部规则考虑到参赛者的年龄、体能、心理、运动量等需求，为充分发挥他们的技、战术空间，调动自身能力，增加了如下规定：老年人采用五人制比赛，其他年龄组可以采用四人制比赛；出于保护老年人安全，免伤害事故的考虑，规范了对触网犯规和过中线犯规的判罚；进一步明确了参赛者的责任和权利，同时，加大了对不良行为的判罚等。

三、裁判员的作用

（一）裁判员是竞赛的组织者

裁判员是比赛的参加者亦是组织者，他必须熟悉规则和规程，才能使比赛过程有序进行。

（二）裁判员使比赛公正地进行

比赛条件与机会是均等的。裁判员为使比赛公平公正地进行，必须正确理解和准确执行规则精神，使比赛结果成为运动水平的客观反映。

（三）裁判员对推动气排球运动发展的促进作用

裁判员要熟悉技术与战术的发展趋势，在执行裁判任务时，明确鼓励什么、限制什么，从而在技术规范上对气排球技术发展起到促进作用。

（四）裁判员是比赛场上体育道德行为规范的实践者和教育者

气排球比赛除比赛条件外，还应有良好的竞赛环境。无论是参加比赛的运动员、教练员还是裁判员，都应努力实践，做一名比赛场上体育道德行为规范的倡导者。

第二节　气排球主要竞赛规则与裁判方法

一、比赛的特性与方法

（一）比赛的计分方法

1. 得 1 分

比赛采用每球得分制。当某队使球成功地落在对方场区、对方犯规或对方受到判罚，即为该队得 1 分。

2. 胜 1 局

比赛前两局以先得 21 分为胜一局，先得 21 分的队即胜该局，目前基层比赛都根据此规则执行（在 2016 年“超级杯”分区赛则规定比赛前两局比分为 20：20 时，比赛继续进行直至某队领先 2 分，才算该队胜了该局）。如果 1：1，决胜局以先得 15 分并超过对方 2 分的队获胜（如当比分为 14：14 时，应打到 16：14 或 17：15 为止），任何一方先得 8 分时交换场地。

3. 胜 1 场

比赛采用 3 局 2 胜制，胜 2 局的队为胜 1 场。如果 1：1 平局时，进行决胜局。

4. 弃权与阵容不完整

（1）弃权。如某队被召唤后拒绝比赛或无正当理由未准时到场时，则宣布该队为弃权。对方以每局 21：0 的比分和 2：0 的比局获胜。

（2）阵容不完整。如某队被宣布 1 局或 1 场比赛阵容不完整时，则输掉该局或该场比赛，应给予对方该局或该场比赛所得的分数和局数。阵容不完整的队保留其所得分数和局数。由第一裁判员负责裁定宣布。

（二）比赛的组织

1. 抽签

比赛开始前和决胜局比赛前，第一裁判员主持双方队长参加抽签，决定第一局或决胜局发球的队和场区。第二裁判员跟随参加抽签。抽签获胜的一方可以在发球或接发球、场区中选择一区，另一方在获胜方选择后，挑选余下的部分。

2. 准备活动

两队合练 5 分钟。第一裁判员宣布活动时间。

二、比赛者的权利和义务

（一）队长的权利和义务

队长应在记分表上注明，且应有队长标志。比赛开始前，队长在记分表上签字并代表本队抽签，应对全队成员的行为和纪律负责。如被换下场时，可指定另一名队员担任场上队长，代其行使职权。比赛中，仅有场上队长在成死球时可以请求对规则和规则的执行进行解释，如对裁判员的解释不满意，可以选择抗议并立即向第一裁判员声明，保留其在比赛结束时将正式抗议写在记分表上的权利；请求核对双方队员的位置；请求检查地板、球网和球等；请求暂停和换人。比赛结束时，队长要感谢裁判员并在记分表上签字承认比赛结果。

（二）教练员的权利和义务

教练员可以在教练员活动区站立或走动，进行场外指导，但不得干扰或延误比赛。比赛前，教练员在记分表上登记和检查队员姓名、号码并签名；每局比赛前填写上场队员位置表，签名后交第二裁判员或记录台。比赛中，可以请求暂停和换人。

三、场上位置

（一）场上位置

发球队员击球时，双方队员（发球队员除外）必须在本场区内按轮转次序站位。

1. 场上队员位置

（1）五人制。5 名队员场上位置排列为前排 3 人，即 2 号位（右）、3 号位（中）、4 号位（左）；后排 2 人，即 5 号位（左）、1 号位（右），为同排队员。2 号位及 4、5 号位的队员为同列队员。如图 7－2－1 所示。

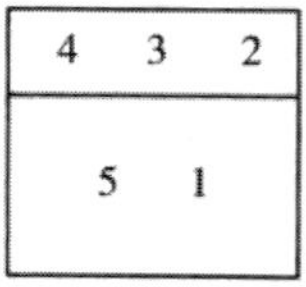

图 7－2－1　五人制场上队员位置

（2）四人制。4 名队员位置排列为前排 2 人，即 2 号位（右）、3 号位（左），后排 2 人，即 1 号位（右）、4 号位

（左），为同排队员。2 号位（前）、1 号位（后）及 3 号位（前）、4 号位（后）为同列队员。如图 7－2－2 所示。

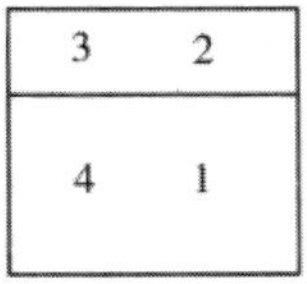

图 7－2－2　四人制场上队员位置

2. 位置的判定

队员的位置应根据脚的着地部位来判定。每名前排队员至少有一只脚的一部分比同列后排队员的双脚距中线更近（见图 7－2－3）。每名前排右边（或左边）队员至少有一只脚的一部分比同排中间（四人制为左边或右边）队员的双脚距右边（四人制为左边）线更近。每名后排右边（或左边）队员至少有一只脚的一部分比左边（或右边）队员的双脚距右边（左边）线更近（见图 7－2－4）。

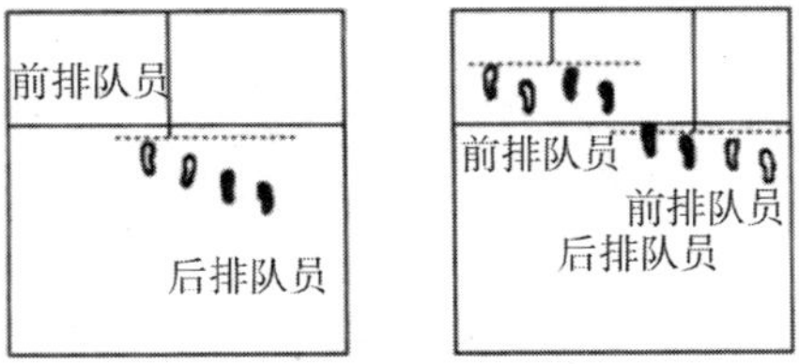

图 7－2－3　前后排队员位置正、误判定

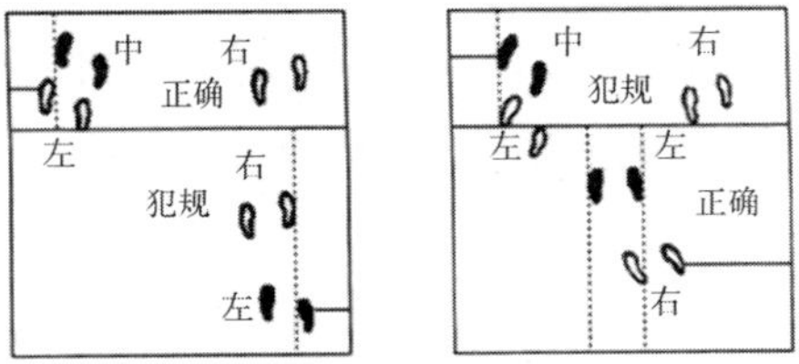

图 7－2－4　左后队员位置正、误判定

（二）位置错误犯规

发球队员击球瞬间，双方队员不在规定的位置上，则构成位置错误犯规。判断时应注意：位置错误只有在发球击球瞬间才可能构成；双方队员的场上位置，应根据其脚掌的着地部分确定；发球犯规与对方位置错误同时发生，则判发球犯规。发球后犯规（如界外球、发球未过网、发球掩护等），而对方出现位置错误，则判位置错误犯规。

判罚：由第一裁判员（视发球队员）和第二裁判员（视接发球队员）共同负责裁定，队员的相互位置关系依据场上位置表所确定的队员位置关系而确定。判发球犯规或对方位置错误犯规，失 1 分，队员立即恢复正确位置。

四、发球

（一）发球的定义

后排右（1 号位）队员在发球区将球击出而进入比赛的行动为发球。发球的允许：第一裁判员检查发球队员已握球在手并双方队员已做好比赛准备后，则鸣哨发球。

（二）发球犯规与判断

1. 发球击球时的犯规

（1）发球次序错误。发球次序应按照位置表上的顺序进行。发球队胜一球或接发球队胜一球时，均须按顺时针方向轮转一个位置发球。未按照正确的发球次序发球，则判发球次序错误。

判罚：主要由记录员发现该犯规。记录员应在球发出后立即鸣哨中断比赛并报告第二裁判员。第一裁判员如确认犯规，也可鸣哨判罚。判发球队失 1 分，然后让该队恢复正确位置。

记录员如能准确地确定在发球次序过程中的得分，则取消该队在误发过程中所得分数，对方得分有效；如记录员不能确定发球次序错误从何时发生，则只给一次犯规的判罚。

（2）发球时球未抛起或未使球清楚离开就击球。发球时球被抛起或持球手撤离后，必须在球落地前，用一只手或手臂将球击出。如球未清晰离手，则判球未抛起犯规。

判罚：由第一裁判员负责裁定，判发球犯规失 1 分并失发球权。

（3）发球区外发球。发球队员在击球或起跳击球时，不得踏及场区（包括端线）和发球区以外地面，否则判发球区外发球犯规。发球队员在击球前允许在发球区外助跑，但击球（或起跳）时应在发球区内。击球后发球队员可以踏入场内或踏出区外。

判罚：由第一裁判员和同侧的司线员负责裁定，判发球犯规失 1 分。

（4）发球 8 秒钟犯规。第一裁判员鸣哨后 8 秒钟内发球队员必须将球击出，否则判发球 8 秒钟犯规。发球队员将球抛起或撤离后，球未触及发球队员身体任何部位而落地，裁判员应允许再次发球，但两次发球的时间应连续计算在 8 秒钟时间内（包括发球队员未发，换由另一队员发球）。

判罚：由第一裁判员负责裁定，判发球犯规失 1 分。

（5）双手击球或单手将球抛出、推出。

（6）球抛起后，在下落时触及发球队员身体任何部位。

2. 发球击球后犯规

（1）发球未过网。球触及发球队员或球的整体没有从过网区内通过球网的垂直平面，均为发球未过网。

判罚：由第一裁判员裁定，判发球犯规失 1 分。

（2）界外球。球接触地面部分完全在界线以外；球触及场外物体、天花板或非场上比赛成员等；球触及标志杆、网柱或标志带以外网、网绳等；球的整体或部分从过网区以外过网；球的整体从网下穿过。以上情况均判界外球。球触及比赛场区的地面（包括界线）为界内球。

判罚：由第一裁判员、第二裁判员、司线员共同负责裁定，判发球犯规失 1 分。

（3）发球掩护。发球时，发球队队员个人或集体密集站位或挥臂跳跃、左右移动以阻挡、遮挡球的飞行路线，且发出去的球从他或他们上空飞过，则构成个人或集体发球掩护犯规。

判罚：由第一裁判员负责裁定，判发球队犯规失 1 分。

五、击球时的犯规与判断

（一）四次击球

比赛中每队最多连续触球 3 次（拦网除外），将球从球网上沿击过，如超过 3 次击球则判 4 次击球犯规。不论队员主动击球还是被动触球，均算该队员击球一次。

判罚：由第一裁判员负责裁定，第二裁判员协助判定，判犯规队失 1 分。

（二）持球

队员必须将球击出，不得接住或抛出，击出的球可以向任何方向弹出，否则判持球犯规。判断时应注意：清楚击球与持球间的区别，击球是一个单一的动作，而持球犯规是使球在手上停滞后再抛出，而不是清晰地击出；进攻性击球时吊球是允许的，但触球必须清晰；队员在拦网时有握或抛的动作，裁判员必须判其持球。

判罚：持球只有第一裁判员负责裁定，判犯规队失 1 分。

（三）连击

一名队员连续击球两次或球连续触及身体的不同部位（拦网和同一动作时除外），均判连击犯规。判断时应注意：在第一、二、三次击球时，允许身体不同部位在同一个动作中连续触球；要排除在拦网一个动作中球迅速而连续触及一名或更多的拦网队员的情况。拦网后即使是集体拦网触过球的队员仍可再做第一次击球；判断连击犯规应以视觉判断为主，要看清击球一瞬间是否造成连击犯规，而不用考虑击球前、后的动作。

判罚：由第一裁判员负责裁定，第二裁判员协助判定，判犯规队失 1 分。

（四）借助击球

队员在赛场内借助同伴或其他物体的支持进行击球，为借助击球犯规。判断时应注意：一名队员可以拉住或挡住另一名即将造成犯规的同队队员（如触网、过中线等）；队员击球后拉住网柱、挡板、裁判台等保护动作，不算犯规。

判罚：由第一裁判员负责裁定，第二裁判员协助判定，判犯规队失 1 分。

（五）同时击球

对方队员或同队队员可以同时触球。同队的两名（或三名）队员同时触到球时，被记为两次（或三次）击球（拦网除外）。如果只有其中一名队员触球，则只记一次。如果是两名不同队的队员在网上同时触球，比赛继续进行，获球一方仍可击球 3 次。如果该球落在某场区之外，则判对方击球出界。

判罚：由第一裁判员负责裁定，第二裁判员协助判定，判犯规队失 1 分。

六、进攻性击球犯规与判断

除发球和拦网外，所有直接击向对方的球都是进攻性击球。包括扣球、吊球，第一、二、三次击球，以及本队队员间进行配合的有过网趋向的传球等。进攻性击球时，球的整体通过球网垂直面（包括触及球网后再进入对方场区）或触及对方拦网队员的手，则认为完成进攻性击球。

（一）过网击球

在对方进攻性击球前、后或击球时，本方队员在对方空间触及球，则为过网击球犯规。

判罚：由第一裁判员负责裁定，判犯规队失 1 分。

（二）前场区进攻性击球犯规

在前场区，完成进攻性击球、击球过网时没有明显向上的弧度（包括平行飞向过网的球），即判定为前场区进攻性击球犯规。对对方的进攻性击球拦网时，拦网动作改为击球动作，且球整体过网时没有明显向上的弧度，应判进攻性击球犯规。

判罚：主要由第一裁判员判定，判犯规队失 1 分并失发球权。

（三）击发球犯规

无论在前场区还是后场区，均不能对对方的发球（在球的整体高于球网上沿时）完成进攻性击球，否则，判为犯规。

判罚：由第一裁判员负责裁定，判犯规队失 1 分并由对方继续发球。

七、球网附近的球

（一）球过网的规定

球的整体必须通过球网上空的过网区进入对方场区。过网区是球网垂直面，其范围：下至球网上沿，两侧至标志杆及其延长线，上至天花板。

（二）球触球网的规定

球通过球网时球可以触网；球入网后，可以在3次击球内再次击球。判罚：主要由第一裁判员进行判罚，球过球网时司线员进行协助。判犯规队失1分。

八、球网附近的队员

（一）过中线

1. 五人制

队员除脚以外，身体任何其他部位触及对方场区为犯规。比赛中断后队员可进入对方场区，因此必须清楚地判断是先成死球还是先过中线。

2. 四人制

比赛进行中队员整只脚越过中线并接触对方场区时，为过中线犯规。判断时应注意：队员的一只（两只）脚部分越过中线触及对方场区的同时，其余部分接触中线或置于中线上空是允许的；与对方有身体接触不一定妨碍对方的合法击球试图，而没有身体接触也可能造成妨碍。

判罚：过中线犯规主要由第二裁判员负责裁定，发现犯规后立即鸣哨并做出手势。第一裁判员同样有权判定。判犯规队失1分并失发球权。

（二）触网

1. 五人制

触网即是犯规，在比赛过程中任何情况下都不得触网。

2. 四人制

在比赛进行中，队员触网不是犯规，但以下干扰比赛的情况除外：击球时，触及球网上沿的网带；触及球网以上的80厘米标志杆；击球时借助球网的支持；造成了对本方有利；妨碍了对方合法的击球试图。判断时应注意：队员击球后，在不干扰比赛进行的情况下，可以触及网柱、网绳和网全长以外的任何其他物体；由于球击入球网而造成网触及队员，不判犯规；成死球后队员触网，不判犯规。

判罚：第一裁判员负责观察进攻队及双方队员网上沿触网犯规，第二裁判员负责观察双方队员在网上沿以下触网犯规。判犯规队失1分。

九、拦网犯规

（一）拦网定义

拦网是队员靠近球网，在球网处阻挡对方进攻性击球的行动。与触球点是否高于球网无关，但触球时必须有身体的一部分高于球网上沿。只有前排队员可以拦网。完成拦网：触及球的拦网行动被认为完成拦网。允许拦网队员的手过网拦网，但必须在对方进行攻击性击球后才能触球。

（二）拦网犯规的判断

1. 过网拦网

（1）五人制。对方队员进攻性击球前、击球时或击球后，拦网队员在对方空间拦网触球，则判过网拦网犯规。

（2）四人制。对方进攻性击球前或击球时在对方空间拦网触球为过网拦网犯规。

判罚：只由第一裁判员负责裁定，判拦网队犯规失1分。

2. 后排队员拦网

后排队员靠近球网，在高于球网处阻拦对方来球并触及球，为后排队员拦网犯规。判断时应注意以下几点。

（1）当后排队员参加集体拦网时，只要具备上述三条中的第一、第二条，虽然本人未触球，但集体拦网成员中的任一队员触及了球，即被认为参加集体拦网的队员都触及了球，因此也被判定为后排队员拦网犯规。

（2）后排队员在球网附近、低于球网上沿触及了对方来球，由于缺少了上述条件中的一个，故不能判为后排队员拦网犯规。

（3）造成后排队员拦网犯规的一般是后排插上队员，因此，对后排插上队员应特别注意。

判罚：由第一、第二裁判员共同负责裁定。第二裁判员发现后应立即鸣哨并做出犯规手势。判犯规队失 1 分并失发球权。

3. 拦发球

拦对方发过来的球为拦发球犯规。只要队员在球网附近高于球网上沿阻挡对方发过来的球，不论拦起还是拦死，只要触球即为犯规。

判罚：由第一裁判员负责裁定，判犯规队失 1 分并由对方继续发球。

十、界内外球的规定与裁判方法

（一）界内外球的规定

1. 界内球

球触及比赛场区的地面包括界线为界内球。

2. 界外球

（1）球接触地面的面积完全在界线以外。

（2）球触及场外物体、天花板或非场上的成员等。

（3）球触及标志杆以及标志杆以外的球网、网绳或网柱。

（4）球的整体从网下穿过。

（5）球的整体或部分从过网区以外过网。

（二）对界内外球的裁判方法

对界内外球，第一、第二裁判员根据自己的位置和职权范围作出相应的判断。

司线员对界内外球应作出判断并出示相应的旗示。

击球时，球的整体或部分从过网区外进入对方无障碍区，队员可以将球从同侧非过网区击回，对方不得阻碍。

十一、比赛间断

（一）正常的比赛间断

正常的比赛间断有“暂停”和“换人”。由教练员或队长用正式手势在死球时、第一裁判员鸣哨前发出请求。

1. 暂停

（1）每局比赛中，每队最多有两次暂停，每次时间为30秒。

（2）一次或两次暂停与双方各一次换人相连续，中间无须经过比赛。

（3）暂停时，队员必须离开比赛场区到球队席附近的无障碍区。由第二裁判员掌管，第一裁判员也有权掌管。

2. 换人

（1）五人制比赛每局每队最多可换5人次。四人制比赛每局每队最多可换4人次。同一个队未经比赛过程不得连续请求换人，但在同一次换人中，可换1人或多人。

（2）换人时所换队员不受位置限制，可任意换人。

（3）特殊换人。因队员受伤或生病不能继续比赛时，首先进行合法换人，如果不能进行合法换人才采取特殊换人。特殊换人不作为合法换人的次数，任何队员均可替换受伤队员，但受伤队员不可在本场比赛中返回赛场上。由第二裁判员负责裁定，第一裁判员也有权裁定。

（二）例外的比赛间断

1. 队员受伤

比赛中如出现严重伤害事故，裁判员应立即鸣哨中断比赛，允许医务人员进入场地。该球重新开始。处理时应注意：

（1）首先应进行合法替换，如不能，允许进行特殊换人。

（2）如特殊换人不能进行，则给予受伤队员 5 分钟的恢复时间。

（3）如 5 分钟后仍不能进行比赛，则该队被宣布阵容不完整。

2. 外界因素

比赛中出现任何外界干扰（如非比赛球滚入场内、杂物抛进场内等），应立即中断比赛，该球重新进行。

3. 拖延比赛

任何意外的情况阻碍比赛时（如室外遭遇暴风雨、网柱或网绳断裂、照明灯断电等），第一裁判员、比赛组织者和主管委员会成员共同采取措施恢复比赛。处理时应注意：

（1）一次或数次间断时间不超过 2 小时，原场地恢复比赛：间断的一局保持原比分、原队员和原场上位置，已结束的各局保留比分。

（2）换场地恢复比赛：间断的一局应取消，但保持该局开始时的阵容和位置，已结束的各局保留比分。

（3）一次或数次间断时间超过 2 小时，全场比赛重新开始。

（三）不符合规定的间断请求

主要有：超过规定次数的暂停；超过规定次数的换人；同一队未经比赛过程再次换人；其他无权成员提出间断；第一裁判员鸣哨发球的同时或之后请求间断。

判断时应注意：以上不符合规定的请求，如不影响和延误比赛，应予以拒绝，不判罚；但在同一局中再次出现，则判“延误比赛”犯规。

判罚：由第二裁判员拒绝，第一裁判员判罚，判犯规队失1分。

十二、延误比赛

（一）定义

一个队拖延比赛继续进行的不正当行动为延误比赛。

（二）延误比赛的类型

一是换人延误比赛。换人队准备上场队员未按要求做好换人上场准备（穿好服装、拿好换人牌），并在教练提出请求后及时跑向换人区。

二是在裁判员鸣哨恢复比赛后，拖延暂停时间。

三是同一局中再次提出不符合规定的请求。

四是球队成员拖延比赛顺利进行，包括：场上队长向裁判员持续询问、其他队员向裁判员询问、发球队员拖延发球时间等。

五是请求不合法的替换。

（三）延误比赛的判罚

只有第一裁判员才可对延误比赛进行判罚。

1.“延误警告”

一场比赛中，对某一队的第一次延误比赛给予黄牌“延误警告”犯规，不予判罚，防止重犯。

2.“延误判罚”

一场比赛中，同一队任何一名队员或其他成员出现第二次及其后的延误犯规，则判“延误判罚”犯规，由第一裁判员出示红牌，判犯规队失 1 分。

十三、不良行为以及判罚

（一）轻微的不良行为

不判罚，但第一裁判员有责任用手势或口头通过场上队长给予警告，防止该队再发生导致判罚的不良行为。

对轻微不良行为的警告分两种：一是通过场上队长给予警告；二是向相关队员出示黄牌，并记录在计分表上，无其他判罚。这个正式的警告本身不是判罚，但是标志着相关队员已达到判罚的程度。

（二）给予处罚的不良行为

1. 三类给予处罚的不良行为

第一裁判员根据球队成员对裁判员、对方队员、同队队员或观众等不良行为，按程度分为三类：

（1）粗鲁行为：违背道德准则或文明举止。

（2）冒犯行为：诽谤、侮辱的言语或形态，或有任何轻蔑的表示。

（3）侵犯行为：人身攻击、侵犯或威吓等行为。

2. 处罚的等级

（1）判罚：任何成员的粗鲁行为给予失 1 分判罚，出示红牌，对方得 1 分。

（2）判罚出场：同一成员在一场比赛中的第二次粗鲁行为、某成员第一次出现冒犯行为，判罚出场，即取消一局比赛资格，裁判员一手持红、黄牌，该成员不得继续参加该局的比赛。教练员如果被判罚，则失去该局的指挥权。

（3）取消比赛资格：同一成员在一场比赛中的第三次粗鲁行为或冒犯行为、某成员第一次出现侵犯行为，即取消比赛资格，裁判员一手持红牌、一手持黄牌。任何成员被取消比赛资格，必须立即进行合法的替换，离开比赛控制区，不得继续参加该场的比赛。

（三）处罚的实施

不良行为的判罚是针对个人的，对全队比赛有效，记录在记分表上。

同一成员在同一场比赛中重犯不良行为时，按判罚等级加一级判罚（该成员接受的判罚要重于前一次）。

十四、局间休息与交换场区

（一）局间休息

第一局结束后休息 2 分钟，决胜局前休息 3 分钟。

（二）交换场区

第一局结束后，比赛队交换场区。

决胜局（第三局）中，当某队先得 8 分时，两队交换场区，不休息，队员在原来的位置上继续比赛。如果未能及时交换场区，一经发现立即交换场区，保留两队已得分数。

十五、气排球裁判员的鸣哨和手势与旗示

裁判员的鸣哨和手势与旗示不仅能表明裁判员的判断和裁决，反映裁判员的敏捷和果断，而且还可以指挥比赛有序进行，促进队员技战术的发挥。

（一）鸣哨

在比赛中，只有第一和第二裁判员可以鸣哨。第一裁判员鸣哨指示发球，开始比赛。第一裁判员和第二裁判员确认犯规并判明其性质，鸣哨终止比赛。

在比赛中断期间，第一和第二裁判员可以鸣哨表示同意或拒绝某队的请求。

应备用单音哨和双音哨各一只，可选择避免与其他赛场哨音相同，也可作为备用哨。

哨子应挂在胸前，不能握在手中。需讲话时要吐出哨子，不能咬着哨子讲话。

不同哨音的语言含义不同：发球、发球失误、发球直接得分时，鸣哨要清脆、短促；击球、触网、过中线、位置错等犯规时，哨音要重而脆，并且要稍长；赛前召集双方队长、比赛开始与结束、请求暂停、换人、宣布准备活动开始或结束等，鸣长哨音。

第一、第二裁判员的哨音应有区别，不必重复鸣哨。

（二）手势与旗示

1. 裁判员鸣哨终止比赛后，应立即以法定手势表明

（1）如果第一裁判员鸣哨，他应指出：应发球的队、犯规的性质、犯规的队员（必要时）。第二裁判员重复其手势。

（2）如果第二裁判员鸣哨，他应指出：犯规的性质、犯规的队员（必要时跟随第一裁判员指出发球队）。

2. 手势与旗示的使用要求

（1）裁判员只能用法定手势而避免使用其他手势。但在特殊场合，一些辅助手势可以使队员更加清楚裁判的意图。

（2）当第二裁判员鸣哨判罚犯规时（例如球出界），一定

注意手的方向与犯规队一致，左方的队员使球出界出左手示意，右方的队员使球出界出右手示意另一方。

（3）裁判员鸣哨必须及时，手势也要坚决果断。其中，必须注意的两点为：裁判员的决断不能受观众及队员的干扰和影响；当裁判员自己意识或经别的裁判员提醒认识到判断错误时，要立即对错误进行纠正。

（4）司线员旗示所展示的信息对参赛者和观众而言非常重要，第一裁判员一定要非常关注。当司线员的判断错误时，第一裁判员可以进行纠正。司线员要时刻关注球的移动路线，尤为关注触手出界的判断。

（5）在第三次击球后球没有越过网的垂直面：是最后一次击球的同一队员再次触球，手势为连击；是另外一名队员触球，手势为四次击球。

第三节　裁判员主要工作职责与工作方法

一、气排球裁判员的主要工作职责

气排球正式比赛的裁判员由第一裁判员和第二裁判员各一名、两名司线员和一名记录员组成。另配有司分员、播音员等辅助人员。

（一）第一裁判员的工作职责

第一裁判员的位置一般处于高于球网的裁判台上，他的视平线必须高出球网上沿约 50 厘米。他的工作职责主要有：

1. 赛前工作职责

（1）主持临场裁判员、司线员、辅助人员的工作会议。

（2）检查场地、器材、比赛用球和队员的比赛服、用具等。

（3）主持抽签，掌握准备活动时间（分练、合练）。

（4）向第二裁判员、司线员提出具体配合要求。

（5）核对记分表上的队员号码是否有误。

（6）入场仪式前，向技术代表请示比赛是否开始。

（7）主持入场仪式。

（8）介绍裁判员后，进入工作位置。

（9）观察第二裁判员和记录员核对队员场上位置，双方队长号码，明确前、后排队员位置等。

（10）记录员和第二裁判员用双手上举表示工作就绪后，鸣哨发球。

2. 赛中工作职责

比赛中对以下犯规进行判定：

（1）发球犯规、发球队位置错误犯规，包括发球掩护。

（2）比赛击球犯规。

（3）触及球网和高于球网的犯规。

（4）进攻性击球犯规。

（5）过网拦网犯规。

（6）过中线进入对方场区犯规。

（7）球的整体从网下空间穿越犯规。

（8）后排队员拦网犯规。

3. 赛后工作职责

（1）主持退场仪式。

（2）接受双方队长、教练员的致谢。

（3）督促双方队长签字。

（4）如果队长声明抗议，可以提出申诉并登记在记分表上。

（5）致谢合作的裁判员。

（6）检查记分表并签字。

4. 第一裁判员应注意的问题

（1）第一裁判员站在裁判台上执法，在比赛过程中必须保持与其他裁判员（第二裁判员、记录员、司线员）的合作，并赋予他们在其职责范围内工作的权利。例如：

①鸣哨成死球时，第一裁判员应迅速环视一下其他裁判员，再用规定手势作出最终判定。

②当球击在界线附近时，第一裁判员首先要观察相关司线员的旗示。第一裁判员有更改其他裁判员判断的权利，但须慎重。

③比赛期间，第一裁判员一定时常观察第二裁判员（尽量在每次死球和发球哨鸣哨前）。第二裁判员在需要的时候可能作出四次击球、连击等的提示。

（2）对触手出界的判断主要由第一裁判员和司线员负责，当球通过拦网队员或后排防守队员飞出界外时，第一裁判员应观察司线员的旗示再作出最终判断。

（3）第一裁判员应保证第二裁判员和记录员有足够的时间完成其他管理和登记工作。

（4）第一裁判员可以改变他自己或其他裁判员的判定。如果已作出判定（鸣哨）之后看到其他裁判员（第二裁判员、司线员或记录员）有不同的判定，则：

①如果确定自己是正确的，就坚持判定。

②如果意识到自己错了，就改变判定。

③如果认为是双方犯规，应作出重新比赛的判定。

④如果认为其他裁判的判定是错误的，可以改判。

⑤如果第一裁判员发现某一裁判员不能胜任其工作，须将

其撤换。

⑥只有第一裁判员有权对不良行为进行判罚。如果其他裁判员发现任何不良行为，可以向第一裁判员示意并上前据实报告，由第一裁判员决定是否处罚。

（二）第二裁判员的工作职责

第二裁判员的位置在第一裁判员对面，记录台前约3平方米的无障碍区中。其主要工作职责为：

1. 赛前工作职责

（1）参加临场裁判员、司线员、辅助人员的工作会议。

（2）检查场地、器材、比赛用球，丈量网高，整理标志杆、标志带、球网，检查比赛控制区的物件摆放。

（3）核对记分表、队员姓名和号码。

（4）收取位置表，分别交给记录员。

（5）介绍裁判结束后，掌握比赛用球（决胜局时要掌管球）。

（6）开局前核对场上位置无误。

（7）与记录员联系是否准备就绪，将比赛用球发给发球队员，双手上举示意第一裁判员逐步完毕。（每次比赛中断都应按此程序进行）

（8）开局前、决胜局交换场地后或必要时，检查场上队员的实际位置是否与位置表相符。

2. 赛中工作职责

（1）协助第一裁判员对其近端的“触手出界”和明显的“连击”“持球”“四次击球”犯规的判断，但只做手势不得鸣哨。

（2）监督记录员工作。

（3）掌握暂停和换人的次数，并将第2次暂停和第5次

（五人制）或第 4 次（四人制）换人通知第一裁判员和有关教练员。

（4）发现队员受伤，可允许特殊替换或 5 分钟的恢复时间。

（5）检查比赛场地地面条件（主要是前场区）、比赛用球是否符合比赛要求。

（6）对下列犯规鸣哨并做出手势：

①接发球队的位置错误。

②队员触及球网下部和第二裁判员一侧的标志杆。

③队员网下穿越进入对方场区和空间。

④后排队员拦网犯规。

⑤球触及场外物体。

⑥球的整体或部分从过网区外过网，飞入对方场区，或触及对方一侧的标志杆。

⑦第一裁判员难以观察时，球触及地面。

3. 赛后工作职责

（1）督促双方队长签字。

（2）在记分表上签字。

4. 第二裁判员应注意的问题

（1）第二裁判员必须具备与第一裁判员相同的技能，第一、第二裁判员要进行交流、沟通，做到彼此心中有数，第二裁判员知道第一裁判员什么时候最需要自己帮助。

（2）第二裁判员应认真履行规则赋予的责任和权利，发现其职责内的犯规必须鸣哨判罚。

①第二裁判员做所有的手势时必须站在下一个接发球方。

②对于靠近第二裁判员一侧的触手出界，应主动配合，手势不宜过大，以第一裁判员能看见而其他人看不见为好。

③第二裁判员不要经常做持球、连击、四次球的手势，这样会干扰第一裁判员的判断，也会被球队发现从而造成不必要的麻烦，除非是背对第一裁判员的犯规，可以小手势提示，不得坚持。

④比赛中，第二裁判员哨音要响亮、及时。

（3）在网附近的来回球中，第二裁判员专注于拦网一方的触网犯规、过中线犯规，以及其他违反行为。

（4）第二裁判员应随时注意比赛前和比赛中队员的位置与位置表是否相一致。比赛开始时，第二裁判员要以位置表为依据，与记录员一起对队员的站位表仔细核实，确认之后向第一裁判员示意。

（5）第二裁判员必须注意，无障碍区必须无障碍，能引起队员受伤害的物品都要清理干净。

（6）暂停时，第二裁判员应注意：

①确定队员回到球队席附近。

②必要时检查记录员工作。

③接受或向第一裁判员提供某种信息。

（7）第二裁判员在比赛结束后应检查计分表并签字。

（三）记录员的职责

记录员位置：坐在第一裁判员对面记录台处。

1. 赛前工作职责

（1）按照规定程序登记比赛和比赛队的情况，包括队员的姓名、号码，并获得双方队长和教练员的签字。

（2）根据位置顺序表登记各队的开始阵容。

2. 赛中工作职责

（1）记录得分。

（2）掌握各球队发球次序，在球队提出询问发球次序时，及时、准确地告知发球队或发球队员，如果发现错误应在发球后立即通知裁判员。

（3）以手势认可换人的请求，掌握并登记暂停和换人次数，并通知第二裁判员。

（4）每局结束及决胜局 8 分时，向裁判员宣布。

（5）记录各种判罚和不符合规定的请求。

（6）在第二裁判员指导下登记其他事件，如特殊换人、恢复时间、被拖延的间断、外因造成的间断等。

3. 赛后工作职责

（1）登记最终结果。

（2）如果有队伍提出抗议的情况并得到第一裁判员同意后，允许队长将有关抗议的内容写在记分表上。

（3）自己在记分表上签字后，取得双方队长和裁判员签字。

（四）司线员的职责

两名司线员的位置：各站在第一裁判员和第二裁判员右侧非发球区的两个场角端，距场角 0.5～1 米处，各自负责其一侧的端线和边线。

司线员用旗示执行其职责：

当球落在自己负责的线附近时，示意“界内”或“界外；触及接球人身体后的出界，示意“触手出界”；示意球触及标志杆、发球后球从过网区外过网等；发球队员脚的犯规；队员击球时或干扰比赛的情况下，触及自己一侧的标志杆；球从标志杆外过网并进入对方场区或触及自己一侧的标志杆；在第一裁判员询问时，重复旗示。

二、气排球裁判员的临场分工与配合

裁判员在临场执行裁判工作中为防止误判，必须加强预判、合理取位、抓住关键、明确分工、密切配合。在每次死球时，要相互环视交流，以加强判断的准确性。尤其是当裁判员判断不一致时，第一裁判员应慎重、迅速、果断作出最后判定，必要时可与其他裁判员交换意见，作出判定，其他裁判员必须作出该判定。

（一）扣球与拦网时的配合

第一裁判员：应重点负责扣球一方上沿和近端犯规情况。其目光应先是集中在拦网队员的手上，余光注意扣球队员的击球，再随球移动。

第二裁判员：应重点负责拦网一方球网上沿以下及近端犯规情况。其目光应先由下至上，再由上至下，并在球网和中线稍有停留，再把目光迅速转向击球方向。

（二）发球时的配合

第一裁判员：主要负责发球队是否犯规，发球一方的位置错误和发球掩护等。

第二裁判员：注意负责接发球一方的位置错误。

（三）球飞向第二裁判员一侧无障碍区时的配合

第二裁判员应快速移动到球飞向的对面，协助司线员判断球的整体或部分是否从延长空间进入对方无障碍区，也可防止第二裁判员干扰队员击球。

（四）请求暂停或换人时的配合

第一裁判员在暂停和换人时，应给予记录员足够的登记时间，待登记完毕示意后，再鸣哨继续比赛。

当第一裁判员鸣哨发球时或鸣哨发球后，第二裁判员不得允许某队请求暂停或换人，如第二裁判员错误地鸣哨，第一裁判员应拒绝，并立即恢复比赛。换人时，第二裁判员确认后即鸣哨、取位并做手势，联络记录员（是否合法举单手）。替换登记完毕后，记录员向第二裁判员举双手示意，第二裁判员再向第一裁判员示意。暂停时，第二裁判员确认后立即鸣哨并做出手势，联络记录员（是否合法）。暂停时间到则鸣哨示意队员入场，必要时将暂停次数通知教练员，第二裁判员再向第一裁判员示意。

（五）不符合规定的请求时的配合

在第一次没有影响和延误比赛时，第一、二裁判员应予以拒绝。在同一场中再次发生，应由第一裁判员予以“延误判罚”（红牌），记录员登记在记分表上。

（六）延误比赛时的配合

在第一次出现延误比赛时，第一裁判员予以“延误警告”（黄牌），记录员登记在记分表上。在同一场中再次发生应由第一裁判员予以“延误判罚”（红牌），记录员登记在记分表上。局前和局间的“延误判罚”，记录员登记在下一局中。

三、气排球裁判员临场工作程序

（一）比赛前的工作

所有裁判成员至少应提前半小时到达比赛场馆，进行各项比赛准备。

1. 赛前准备会

由第一裁判负责召集，相互介绍并提出具体要求。

2. 赛前检查

第一和第二裁判员在赛前20分钟应进入比赛场地，对比赛的器材和设备进行检查，司线员进行协助。

3. 正式比赛的仪式（赛前10分钟）

（1）赛前10分钟，裁判员检查球网的高度、松紧度、标志杆和标志带的位置。

（2）赛前9分钟，第一裁判员召集双方队长在记录台选边。

（3）赛前8分钟，正式准备活动。第一裁判员鸣哨，并做出开始正式准备活动的手势。正式准备活动为两队合练5分钟。裁判员检查比赛球、记分表、队员服装和所有其他比赛用（包括备用）的器材。裁判员向司线员提出工作要求。

（4）赛前6分钟，第二裁判员把有教练员签字的位置表交给记录员并在记分表上进行登记。两队的教练员应把第一局的位置表交给裁判员。

（5）赛前3分钟，第一裁判员鸣哨终止准备活动，比赛队立即停止准备活动回到队员席。裁判员再次丈量网高。所有比赛队员着正式比赛服装在队员席就座。

（6）赛前2分钟，宣布比赛开始。在两名裁判员的带领下（位于球网两侧），每队全体球员入场，列横队站在场地中央，面向记录台。双方上场队员在记录台前站立，在第一、二裁判员带领下横队走至场地中央，面对记录台。广播员宣布比赛名称与双方队名，介绍裁判员；裁判员介绍完毕后，第一裁判员鸣哨，双方队员在球网两侧握手致意；裁判员就位；双方队员站位。第二裁判员核对位置表。核对完毕并看到记录员也核对位置完毕后，把比赛球交给发球员。

（7）比赛开始。第一裁判员看到一切准备就绪后，鸣哨发球。

（二）比赛中局间休息及比赛结束后的工作

1. 一、二局间休息

（1）当记录的时间到达 1 分 30 秒时，记录员按响蜂鸣器（基层比赛机动）。

（2）当记录的时间到达 1 分 30 秒时，比赛队在第二裁判的示意下，按位置表的顺序站好场上位置。

（3）第二裁判员核对场上位置。

（4）由第二裁判员把球交给发球队员。2 分钟时，第一裁判员鸣哨开始比赛。

2. 二、三局间的休息

（1）第二局比赛结束时，两队比赛队员站在本场区端线处，第一裁判员鸣哨后，队员直接回到球队席。

（2）决胜局休息时，裁判员召集双方队长到记录台边选边。

（3）当记录的时间到达 2 分 30 秒时，记录员按响蜂鸣器（鸣哨示意）。

（4）当记录的时间到达 2 分 30 秒时，比赛队在第二裁判的示意下，按位置表的顺序站好场上位置。

（5）第二裁判员核对场上位置，然后把球交给发球队员。3 分钟时，第一裁判员鸣哨开始比赛。

3. 比赛结束后的工作

（1）比赛结束时，每队场上比赛队员回到各自端线处，第一裁判员示意后，队员到网前相互致意，并离开比赛区，回到本队球队席位置。

（2）两名裁判员站在第一裁判员所在一边的边线处，待队员相互致意后，退场到记录台处进行工作总结。

（3）比赛后的小结。

第四节　气排球比赛场地与器材设施

一、比赛场地

气排球比赛场地包括比赛场区和无障碍区。比赛场区为长12 米、宽 6 米的长方形。场地的地面必须平坦、水平，并不得有任何可能伤害队员的隐患。其四周必须有 2 米宽的无障碍区，从地面向上至少有 7 米的无障碍空间（见图 7 – 4 – 1）。（非正式比赛，面积可适当调整）

（一）比赛场地的画线

场地上所有的线均宽 5 厘米，有边线、端线、中线、进攻线、进攻线延长线、发球区短线。

1. 界线

两条边线和两条端线划定了比赛场区。边线和端线都包括在比赛场区面积之内。两条长线为边线，两条短线为端线。

2. 中线

中线连接两条边线的中点。中线将比赛场区分为长 6 米、宽 6 米的两个相等的场区。

3. 进攻线

每个场区各有一条距中线 2 米的进攻线。进攻线（包括进攻线的宽度）前为前场区。进攻线与端线之间为后场区。进攻线外两侧各画长 15 厘米、间距 20 厘米的三段虚线为进攻线延长线。两条进攻线的延长线与记录台一侧边线外的范围为换人区。

4. 发球区短线

端线后两条边线的延长线各有一条长 15 厘米、距离端线 20 厘米的短线，为发球区短线。两条短线（含短线宽度）之间的区域为发球区，发球区深度延至无障碍区的终端。

5. 教练员限制线

由一组长 15 厘米、间隔 20 厘米的虚线组成，虚线自进攻线的延长线至端线限长线，距边线 1.05 米并平行于边线。限制线是限制教练员的活动区域。

（二）裁判台

裁判台设在球网的一端，面向记录台，一般使裁判员的水平视线高出球网上沿 50 厘米左右为宜。

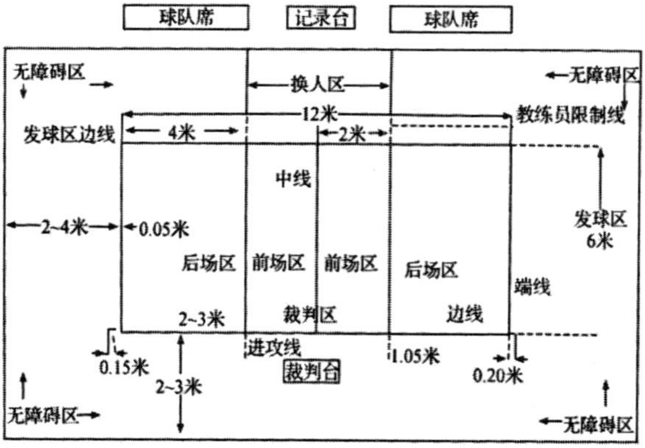

图 7-4-1　气排球比赛场地

二、场地画法及检测

（一）场地画法（见图 7-4-2）

先在场地中间画一条 6 米长的中线 MN，取中点 O 为圆心，以 6.71 米为半径，向 4 个场角画弧。再分别以 M 点、N 点为圆心，以 6 米为半径画弧，分别同前面的 4 个弧线相交，共成 A、B、C、D 四个点。连接这四个点便形成了场区的边线和端线。再分别以 M 点、N 点为圆心，以 2 米为半径，在各边线上截取 E、F、G、H 四个点连接 EG、FH 形成进攻线。

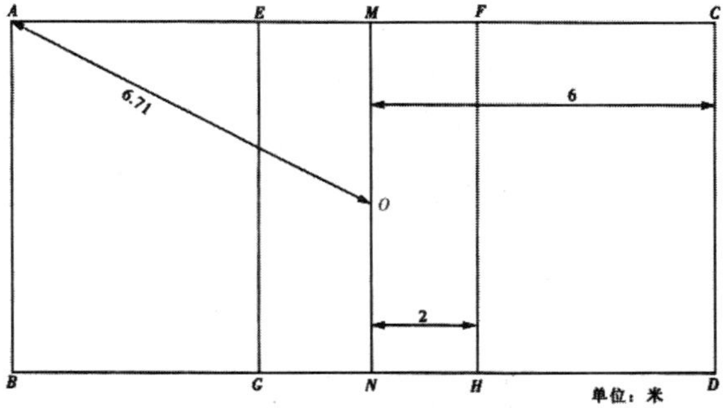

图 7－4－2　气排球场地画法

（二）场地的检测（见图 7－4－3）

界线全部为 5 厘米宽。

两个场区对角线之间距离必须一致。

线的颜色与场区和无障碍区的颜色应有明显区别。

若正式比赛场地上有其他体育项目的画线，其颜色应与气排球比赛界线有所区别。

中线平均分在双方场区面积内。

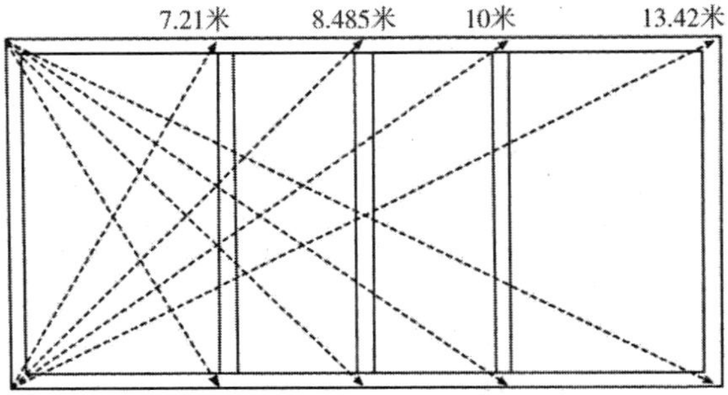

图 7－4－3　气排球场地检测示意

三、器材与设备

（一）球网和网柱

1. 球网

球网架设在中线上空，在中线的垂直面上，为黑色。全长7米、宽1米，网孔面积为10平方厘米。网的上沿缝有5厘米宽的白色双层帆布带，中间用柔软的钢丝绳穿过，网的下沿用绳索穿起，上下沿拉紧并固定在网柱上。球网的两端各系一条宽5厘米、长1米的标志带，垂直于边线。两条标志带的外沿、球网的不同侧面分别设置长1.80米、直径10毫米、有韧性的标志杆，高出球网80厘米。标志杆每10厘米应涂有红白相间的颜色。

球网的张力适中，一定拉紧使球反弹，但又不能弹性过大。第一裁判员应用球掷向球网的方法进行检查，视球反弹情况判定是否符合要求。不能使用中间凸起的球网或网眼破损的球网。

球网高度：五人制比赛男子2米，女子1.80米；四人制比赛男子2.10米，女子1.90米（现多地中年组五人制的比赛也采用此高度）。球网高度应用量尺从场地中间丈量，球网两端（边线上空）的高度必须相等，不得超过规定网高2厘米。

2. 网柱

两根高2.22米的网柱用圆形光滑的金属材料制成（需能调节高度），分别架设在两条边线外长0.5～1米的中线延长线上。比赛之前或比赛期间，裁判员必须检查网柱和裁判台有没有对队员构成危险的因素（例如网柱突出的绞盘、挂钩等）。

（二）其他器材与设备

黄牌和红牌。第一裁判员判罚用。

司线旗。一般为红色，尺寸为40 厘米 ×40 厘米。

换人号码牌。比赛换人使用，一般为1～19 号。

比分显示牌。

气排球比赛位置表、比赛成绩表、简易记分表、正式记分表。

裁判台。长约80 厘米、宽约70 厘米，调节范围在1.10～1.20 米高度之间的升降台。

记录台。

球队席长凳。

记录夹、三角尺、记录笔。

广播器材。

网高寸量尺。

第八章　气排球队工作

第一节　球队的组建与管理

一、组织气排球队的目的与任务

（一）主要目的

气排球队搭建了一个气排球活动的平台，通过气排球队的训练和比赛等活动，不同年龄阶段的队员们进行球技交流、感情交流、信息交流、社会交流，可以增强体质、愉悦身心。学校的气排球队则可通过竞赛提高学校在社会上的知名度，为学校争得荣誉，同时不断提高气排球队运动技术水平。

气排球运动队是社会与学校贯彻全民健身的载体，是体验运动快乐的交流平台，是培养气排球运动骨干的重要手段。学校组建气排球运动队是促进校园气排球普及与提高相结合的重要举措，有利于学校气排球运动的全面开展，丰富学校体育文化生活。而社会各类气排球运动队的建设则可以更好地推动群众性气排球运动的发展，传播体育文化精神，扩大气排球运动人口，提高我国气排球运动水平。

（二）任务

第一，增强体质，愉悦身心。对于在校学生而言，可促进身体正常发育和各项技能的发展，提高体能素质。对于老、中、青社会人口而言，可以延缓衰老，促进交往，娱乐身心，强身健体。

第二，选择兴趣高、运动能力较强的队员，组织科学有效的训练，能使队员们具备基本的气排球技、战术能力和一定的体能基础，并能在比赛中运用和体现。

第三，为气排球运动在各基层的推广培养骨干。

二、气排球队的组建办法

（一）拟定组队规划

组队规划要根据建队思想，遵循气排球运动规律进行规划拟订。在规划中，要注意气排球运动的发展动态，充分考虑竞赛对手们的情况，初步框架的构建要有针对性，做到“心中有数”。

（二）规定选拔条件

选拔条件除了年龄、身体形态与体能基础等要求外，还要考虑思想意志品质、能否完成训练和比赛任务、对该项运动的喜爱、相关技术基础等因素。

一是身材匀称、协调，不能过瘦或过重。主攻、接应二传应为身材高挑、肩宽的力量型选手，副攻手为瘦高型。二传身材应匀称、协调，呈上肩宽、下腰细的倒三角形。

二是有顽强的意志品质和吃苦耐劳的精神，善于动脑，有高度的责任心。

三是喜爱气排球运动，有一定运动基础和运动能力。

四是有较好的训练和参赛时间保障。

（三）组队步骤

组队工作的重要环节光敏首先是选才，其次才是成立球队、选举队长、聘任领队和教练、制定规章制度等工作。具体步骤为。

1. 初选阶段

初选阶段是以最基本的条件，较广泛地挑选应选者的过程。即在报名推荐的基础上，通过目测首先剔除诸如高度近视、体质较差、身材不高且弹跳不高等基本条件不够的对象。

2. 复选阶段

复选阶段是通过一定方法的测试，在充分预测分析测试结果的基础上，进一步的选拔人才过程。对于学校运动队而言，复选的关键是预测性，分析要科学、准确、全面，要有长远的眼光。

3. 试训筛选阶段

试训筛选是通过短期试训，对稍多于规定组成人数的应选对象再进行筛选的过程。试训期间球队一般由 10 ~ 13 名队员组成，在选拔队员时，要考虑到本队的阵容配备（不同位置队员的名额），如二传队员 2 ~ 3 名，接应二传队员 2 ~ 3 名，主攻队员 3 ~ 4 名，副攻队员 2 ~ 3 名，还要考虑到各年龄段的球队成员比例，使球队前后衔接，避免后备力量的不足。试训期间主要观察试训队员的运动能力，从事专项的潜力以及身体素质提高的程度。

试训期间主要观察试训队员的运动能力、从事专项的潜力以及身体素质提高的幅度等情况。如果是学校运动队，还可以通过班主任的介绍，了解队员的品行、文化学习、情趣、爱好、习惯和个性等情况；通过家庭访问和与队员的交流，了解队员的身体健康状况以及父母运动史、家族遗传等情况。

4. 正式组队阶段

选拔工作结束后，要核定队员名单，并请主管领导审批并公布。在名单确定公布后，应立即召开全体队员会议，请相关领导宣布球队的成立与教练、领队的任职。由教练员明确建队目的任务与训练要求，组织队员讨论制定规章制度、选举队干部。队长一般由思想作风和气排球技术等方面都比较好的队员担任。

三、气排球队的管理

（一）气排球队管理的目的与任务

气排球队管理的目的是为了使球队在良好的氛围和有序的环境中展开训练与比赛，促进球队成员的全面发展，在身体、心理、思想素质各方面得到提高，从而实现体育运动的健身、健心和育人目标。管理的任务是根据气排球运动发展的需要以及领导提出的任务，科学地组织运动训练工作，提高训练效益，正确处理训练与其他任务（工作、学习等）之间发生的各种矛盾和冲突，充分发挥教练员和队员的积极性，保证球队各项工作的落实和执行。尤其是学校运动队，更要建立和健全各项规章制度，用制度管理和约束队员。

（二）气排球队管理的内容和办法

1. 思想素质教育工作管理

（1）训练、比赛作风教育。

一个球队要想获得好的成绩，必须有刻苦、扎实的训练。训练来不得半点马虎，尤其是基本技术训练，虽然相对枯燥、单调，却是打好球的基础。所以在建队的时候，就要明确训练的纪律，每一个队员在训练时都必须兢兢业业、不怕困难，能吃苦、善动脑，有大局观念，把训练当成比赛一样，做到每球必争。把平时当战时练习，才能在比赛中发挥出上佳的状态。

比赛的时候，每个队员要有强烈的团队意识和大局观念，不畏强手，勇于拼搏，斗志昂扬，胜不骄、败不馁，能及时总结经验教训，而不是推卸责任，相互埋怨。作风训练应以正面引导为主，要适时给予鼓励和表扬，以提高队员的自信心、责任感和荣誉感。但对于经常违规的队员还需进行一定的惩罚，严重的甚至是开除出队，以免在球队形成不良的风气。尤其是学校运动队，大、中、小学生的反应敏锐，思维方式、人生态度的可塑性强，抓好他们的思想教育，对其一生都将产生积极的影响。

（2）体育道德意识教育。

要以体育的文化内涵和法规行为标准培养气排球运动员良好的体育道德意识，规范他们的体育行为，使他们养成尊重比赛、尊重对手、遵守规章的习惯。比如当比赛结束时与对手的拍手致意，不会因为发挥不佳输球而甩手而去。或当裁判出现误判或漏判时，能按照规则要求由队长与裁判进行沟通，而不是手指裁判，争吵甚至谩骂。

（3）团队精神的教育。

气排球是一个集体项目，除了比技术外，很重要的一条就是团结与和谐。集体的力量除了个体的素质和技术外，球队成员内部之间的融洽关系和强大的内聚力更是一个重要的方面。所以，教练员在平时的训练中要注意观察，细致了解队员思想动向，发现有不团结、不和谐的因素和苗头，要及时做好工作，防止这种不良因素蔓延，影响到球队正常的训练和比赛。要经常性地对队员进行互相帮助、互相关心、团结协助的思想教育，提高球队成员的团队精神。

2. 训练工作管理

训练工作管理主要是指对训练过程计划与执行的控制，主要包括对训练计划的制订和实施过程的组织与监控两部分。

（1）计划管理。

训练计划管理是教练员根据本队的实际情况、领导的要求以及所要完成的任务，科学制订切实可行的计划和有效实施的过程。

①全年或阶段训练计划。教练员要根据本队的实际情况，制订详细的阶段或全年训练计划，提出具体的任务和要求，确定训练的内容和训练的重点以及各项素质、技术动作、战术配合所需的时间及训练的比重，使全年训练内容在严密的计划指导下得到全面落实。一般训练计划的内容包括计划说明，本队基本情况分析（包含队员情况和全队现状），比赛对象情况，对全队的要求，建队思想，时期划分和运动量安排，训练重点，各准备时期的比重、重点和要求，完成计划的主要措施等9个方面，还可将队伍的管理公约一并附在后面。

②训练课计划管理。根据全年或阶段方案，详细具体地把训练内容细化在课次中，包括课的任务、内容、负荷、分量、步骤、方法、时间、要求（包括作风心理）等。

（2）过程管理。

训练实施过程的管理是以训练计划为依据，对训练实施过程不断进行检查、反馈、修正的推进过程。通过各种完善的检验与科学的控制，可及时了解训练效果，同时也可对计划不切实际的部分进行修改。要不断注意总结训练工作中出现的问题，科学合理地安排训练时间，探讨新的训练方法、手段，安排合适的训练内容。要根据队员的生理、心理等特点，有计划、循序渐进地提高运动负荷。

（3）组织管理。

运动训练工作的组织管理含义和范围相当广泛，这里是指以稳定训练秩序、提高训练水平为保证的组织措施管理。

①建立健全和严格执行各项规章制度，建立稳定的训练秩序，保证运动训练工作的顺利进行。

②做好运动训练器材设备、场馆等管理，不断完善运动训练的物质条件，为提高运动训练水平服务。比如组建一支球队需要有固定的训练场地和齐备的训练器材，参加比赛需要统一的服装、鞋和报名费等。经费问题如何解决？如是学校运动队，则可申请学校拨款或主动找社会企业赞助，只要不断地摸索和实践，经费问题是可以解决的。如是受聘企事业等单位带队，就可跟相关主管人员沟通，让其明确这些事宜，如期解决。

③不断总结训练工作中出现的问题，科学合理地安排训练时间和负荷强度，探讨新的训练方法、手段和措施，提高运动训练管理水平。

④训练时要严格要求，根据队员的生理、心理等特点，循序渐进地提高运动员的运动负荷和训练水平，以不影响队员的身体健康，不影响第二天的工作、学习和生活为前提，切实加强运动训练工作。所以，业余气排球训练工作只有在严密科学、具体的训练计划实施中加强对球队的组织管理，才能提高运动训练技术水平，从而达到运动训练工作的管理目标。

第二节　比赛的指导工作

气排球比赛的指导工作是在教练员主导作用下，启发与引导队员根据双方技战术、体能、心理、智能、经验等状况和比赛环境条件，按照竞赛规程、比赛规律与要求以及本队目标，讨论拟订比赛方案，把握实施比赛过程，总结提高比赛水平的活动过程。比赛指导的目的在于能临场、适时、有效地组织、指挥本队抢占先机，抑制对方，不失时机地充分发挥本队应有水平，取得比赛的胜利。比赛指导工作主要包括赛前准备工作、临场指导和赛后总结三个部分。

一、赛前准备工作

做好赛前准备工作是顺利完成比赛任务的重要环节，对比赛的胜负起着重要作用。它主要包括对信息的收集和分析、制订方案、开准备会和赛前训练四个方面。

（一）信息的收集和分析

掌握全面准确的信息，是有针对性地安排赛前训练的重要依据。教练员要注意收集有关资料，详细记录和统计处理，获得准确数据，进行深入细致的分析研究。

1. 对本队的分析

对本队情况的分析主要靠平时训练中各方面资料的积累，再结合赛前每个队员的身体条件、技能状态、身体素质、技术水平、心理素质、比赛动机、比赛经验和应变能力等现状进行全面分析和综合比较，做到心中有数。

2. 对比赛对手的调查

对比赛对手的调查，可根据上届比赛的成绩、相互间的访问比赛、观看对手的比赛录像、调查访问和查阅资料等方法，重点了解目前对手的实际情况。在调查中主要应了解以下几方面的情况。

（1）主力队员和主要替补队员的名单、身材、年龄、身体素质、心理特征、技术特点、伤病情况、比赛经验、参加重大比赛的场次和取得的名次等。

（2）阵容配备和各轮次的主要进攻战术配合、个人习惯打法和二传分配球的规律。

（3）防守阵型和拦网特点。

（4）上场队员个人及全队的优势和薄弱环节。

（5）全队的比赛作风和教练员的指挥特点。

3. 对异地参赛环境的调整

要尽早了解异地比赛地点，做好参赛地的地理、环境、气候、饮食、观众以及有无时差等与比赛有关条件调查，及早做好适应性的准备。

（二）制订方案

比赛方案是全队比赛中的行动指南，它关系着比赛的成败与否，因此，制订方案应深思熟虑，切不可草率行事。制订比赛方案时，要对我方和对手做客观、全面、辩证的分析，找出双方长处和短处、优势和劣势，以己之长克彼之短，以优势弥补劣势。比赛方案的内容包括确定比赛的指导思想、上场阵容、主力队员人选、各轮次的攻防打法、替补队员的使用等。

（三）开准备会

每场比赛前都应开好准备会。准备会的主要内容是赛前思想动员和部署具体比赛方案。思想动员的主要任务是统一认识，鼓舞士气，树立信心，解决技、战术的打法问题。开准备会一般应注意以下几点。

一是开会时间要合适，过早易淡忘，过晚易草率，一般在比赛前半天开会为宜。

二是开准备会时间不宜太长或过短。过长，在会上谈得面面俱到，不利于抓住重点；过短，易走过场而对问题理解不深不透。会上应抓住主要问题，个人问题在会下解决。

三是开会气氛要活跃，队员要畅所欲言，切忌呆板和浮躁。

四是开会应既严肃又活泼，使队员既明确任务又心情舒畅，真正达到开会的目的。

（四）赛前训练

赛前训练是为了全面适应比赛而进行的针对性训练。赛前训练的主要任务是保持运动员的身体机能和素质水平，强化个人技术，熟练战术配合，解决薄弱环节，提高技、战术质量，调整情绪，增强信心，保证在赛前达到最佳竞技状态。赛前训练要做好以下几方面的工作。

1. 合理安排训练内容

适当减少体能训练的比重，体能训练应以专项素质训练为主。技术训练要因人而异，区别对待，加强针对个人薄弱技术的练习。加大战术训练比重，使每个轮次的主要战术配合更加熟练，提高战术质量。主力队员与替补队员都应熟悉本队各轮次的战术打法。

2. 合理安排运动负荷

赛前训练的运动负荷安排要符合比赛的特点。气排球比赛具有一攻和防反对抗持续时间较短、强度大及较多间歇交替活动等特点，因此，赛前训练的运动负荷应逐渐降低，不宜过度延长训练时间。应使平时训练积累的疲劳逐步得到消除，并不再产生新的疲劳。

3. 合理安排训练方法和手段

赛前训练一般采用以下方法和手段。

（1）对抗性练习。技、战术训练应多在对抗条件下进行，可以增加练习强度，增强练习的实战性，提高运动员的应变能力。

（2）增加模拟比赛对手的练习。选择与比赛特点相似的队员，模拟其打法，进行对抗性练习，提高训练的针对性。

（3）模拟比赛环境条件下的练习。模拟比赛日程、场地条件、观众条件等，必要时还要考虑时差的调整，以提高运动员的适应能力。

（4）适当安排教学比赛。安排一定的教学比赛和访问比赛，并在公开条件下进行。通过比赛检查训练效果，及时发现问题和制定对策，同时使运动员适应裁判观众和比赛节奏，积累比赛经验，提高实战能力。

4. 重视心理准备状态的培养

越是重大的比赛，运动员的心理因素就越为重要。良好的心理准备是比赛中技战术正常发挥的重要保证。心理状态的培养主要包括以下几个方面。

（1）明确比赛任务，正确认识自己和比赛对手的实力，端正比赛时机，增强信心。

（2）培养运动员掌握一定的自我心理训练方法，提高心理过程的控制能力和自我调节能力，保持稳定的情绪，防止出现焦虑和紧张，主动排除一切干扰，将注意力集中到比赛的准备上来。

（3）培养运动员克服困难、顽强拼搏的意志品质，提高运动员的比赛欲望。

（4）加强生活管理和医务监督。赛前训练阶段要加强休息、营养、卫生等方面的管理和医务监督，保证良好的健康状态，防止伤病的发生。

二、临场指导

临场指导是比赛指导工作的重要环节，组织合理，指挥得当，在双方势均力敌的对抗中往往起着决定胜负的作用。在比赛的指导上，教练不单单是带领队伍获得比赛的胜利，更多的是在心理方面指导队员如何战胜自我，实现技、战术的配合，实现最大限度地把所学运用到实战。这包括以下六方面工作：

（一）组织准备活动

提前进入比赛场地，适应比赛场馆环境和观众气氛。

准备活动做得充分适量，使队员一上场便表现出良好的竞技状态。准备活动可由教练员亲自带领做，也可由队长领做。

（二）指导临场比赛

1. 把握良好开局

冷静观察首局比赛开始阶段对方在对决中技、战术效果，在场上队员心理状态没有大的波动之前，及时对技、战术方案作出继续、调整或改变的决定。争取在开局先发制人，拿下第一局，增强全队取胜信心。

2. 保持全场主动

全场指挥从始至终要神态自若、沉着稳重，保持清醒的头脑。要能在双方场上队员旗鼓相当、反复对抗的争夺中，用心记住得失的次数和原因，细致观察双方技战术变化的趋势，正确分析场上形势，准确判断对方意图。根据场上变化，及时提醒队员随机应变。碰到全局性问题要及时喊停，以简洁明了、不刺激队员自尊心的表达方式指出问题，提出对策。必要时抓住关键问题，重点进行调整和布置，时刻保持比赛的主动权。

3. 稳定全队心理

时刻观察场上队员的心理变化，不断解除队员不利于技、战术发挥的心理状态，引导他们以正常的心态运用技、战术，使整个比赛朝着有利于本方的方向发展。气排球赛场上一般容易出现的问题是：当比赛顺利，局数和分数领先时，特别是当对手比本方实力弱时，会产生轻敌麻痹、行动散漫、态度不认真、注意力不集中的表现。当比分落后时，可能会出现互相埋怨、急躁蛮干或消极泄气，甚至不服从裁判等不良情绪。当比分接近时，比赛处于关键时刻，又容易出现思想紧张、急于求成等情况。教练员应了解自己的队伍，及时掌握住队员场上心理的细微变化。

4. 掌握比分变化

（1）比分领先。按原定比赛方案进行，坚持前一局或前一时期已经考验成功的进攻战术和防守战术，不宜调整阵容；当对方改变战术时，要当机立断，提示我队场上队员。该阶段本队应尽量减少暂停，不给对方喘息的机会。如要传达教练员的意图，可以采用换人或以暗号提示。

（2）比分落后。首先要鼓舞士气，顽强奋战，增强由被动转为主动的自信心。其次要找出战术失误的主要原因，可借助先进设备实时反馈队员技战术情况，并及时改变战术，采取有效的对策，加强薄弱环节，减少失误，尽力发挥个人和全队特长，要求队长或核心队员起好带头作用，保持旺盛的斗志。通过暂停和换人，调整阵容，稳住阵脚，重新组织力量，以新的对策来扭转被动局面。

（3）比分相持。持续的拉锯战，比分交替上升，说明双方水平接近。此时应主动改变进攻策略，转移主攻方向，灵活机动地采取措施，抓住战机，攻击对方薄弱环节，防止急于求成而造成的连连失误。

（4）关键时刻。决定一局胜利的最后两分和全场胜负的决胜局的最后几分，即是比赛的关键时刻。这时，应强调相信自己的实力，不能怕输，不能紧张手软，不能失掉战机，要稳、准、狠，尽力发挥特长技术。

5. 及时暂停和换人

暂停要及时有效，换人要得当稳妥，这样可以随机应变调整战术打法，改变场上形势，扭转不利局面，调动全队的积极性。

6. 注意临场统计

通过现场统计，当场分析，可及时发现问题，避免盲目指挥和主观臆想。

（三）合理使用暂停

1. 暂停的指导

教练员应重点观察本方的比赛方案执行得是否顺利，对方的打法比预计的有无大的改变。暂停时，如比分领先，不宜做过多的指导，只指出注意的问题即可；如比分落后，则应指出主要问题和布置具体的方案。教练员应充分分析场上形势，在暂停时指出对方的主要特点和具体薄弱环节，指出本方出现的不利因素和采取的对策，帮助队员正确判断，鼓励队员全力打好结局阶段的比赛。

2. 暂停的运用

在每局比赛中，每队还可请求两次暂停，每次 30 秒。一般在以下情况时应考虑要求暂停。

（1）场上出现士气低落，情绪急躁时。

（2）技术上连续失败，战术配合失调时。

（3）分数落后时。

（4）需要改变本队战术打法，提出新的任务时。

（5）双方相持不下或关键时刻，要采取新的措施时。

（6）体力不好，需要稍加休息时。除考虑到以上各种情况，还要考虑到对方的情况和所持的比分情况等，然后再作出请求暂停的决定。

（四）布置局间工作

总结上一局的经验教训，发扬优点，做好思想工作，要求全队团结一致，互相鼓励，发扬拼搏精神。

提出下一局的主要对策，确定阵容和调换后的轮次。

（五）做好决胜局动员工作

总结前两局的优缺点，提出决胜局的比赛方案，宣布上场阵容。

互相鼓励，加强团结，增强信心，教练员还可以与主要队员个别交谈。

（六）及时果断换人

换人要根据比赛中临场的情况，充分发挥每个队员的特长，合理地使用队员正确地组织好力量。有时也可通过换人来进行临场指挥。但换人应经过慎重考虑，一旦需要，换人就要果断。对准备上场的队员交代任务，并让其做好准备活动。

1. 主动换人

一般有以下几种情况应该主动换人。

（1）为了发挥特长或弥补弱点。如前排换上拦网技术好的队员；后排换上发球、接发球、防守好的队员以及自由防守队员，以达到加强力量的目的。

（2）培养新队员或锻炼新阵容。

（3）出其不意，主动改变战术时，可以换上不同特点的队员。

（4）需要保持队员体力，利用换人轮流休息。

2. 被动换人

很多情况是被动换人，主要有以下几种情况。

（1）某个队员场上作风表现不好时。

（2）队员比赛失常，头脑不够冷静，一时无法扭转时。

（3）队员技术连连失误，战术配合不好时。

（4）队员特点不能发挥，弱点充分暴露时。

（5）原订方案不合适，须换人改变战术时。

（6）出现伤员或队员体力不支，需要换下场时。

（7）利用换人传达教练员意图时。

（8）队员被罚下场时。

三、赛后总结

每场比赛之后，都应召开总结会进行总结。其目的是为了找出比赛胜利或失败的原因，发扬优点，克服缺点，鼓舞斗志，准备下一场比赛。不能单纯以胜负来评价一场比赛，应该以客观的态度，既肯定成绩，又看到不足。对表现好的队员要给予表扬，对不足之处要提醒队员注意并改正。另外，教练员对自己的指挥工作，也应进行实事求是的总结，要坦诚剖析自己，勇于承担责任，以便充分调动队员的积极性，得到队员的信任，共同努力争取下一场比赛的胜利。总结会一般在比赛的次日召开比较合适，因为比赛的当天队员处于兴奋状态，较难冷静地考虑问题。但也不能间隔时间过长，否则又会把比赛中的许多细节遗忘。如连续比赛，可将本场的总结会和下场比赛的准备会结合起来召开。一次赛事结束后，还应进行全面总结，找出训练和比赛中成功的经验和失败的教训，这对于改进和提高训练工作，积累比赛的经验有着重要的意义。

参考资料

［1］黄汉升．球类运动：排球［M］．北京：高等教育出版社，2009.

［2］中国排球协会．气排球竞赛规则［M］．北京：北京体育大学出版社，2013.

［3］高子琦，黄辅周．排球裁判必读/学做裁判丛书［M］．北京：北京体育大学出版社，2000.

［4］连道明，陈铁成．软式排球、沙滩排球、气排球［M］．厦门：厦门大学出版社，2007.

［5］陈铁成，王幼华．现代排球教学与训练方法设计教程［M］．厦门：厦门大学出版社，2012

［6］虞重干．排球运动［M］．北京：人民体育出版社，2009.

［7］陈铁成．气排球［M］．厦门：厦门大学出版社，2014.

［8］杜伟芳，王世昶．气排球与健身排球［R］．北京：北京市老年人体育协会，北京中老年健身排球俱乐部，2011.

［9］程战铭．排球［M］．苏州：苏州大学出版社，1996.

［10］中国排球协会，中国老年人体育协会气排球专项委员会．中国气排球［M］．北京：人民体育出版社，2015.

［11］于贵和．软式排球、沙滩排球、气排球理论与方法［M］．北京：北京师范大学出版社，2009.

［12］钟秉枢．跟专家：排球［M］．北京：北京体育大学出版社，1998.

［13］国家体育总局．中国体育教练员岗位培训教材：排球［M］．北京：人民体育出版社，2003.

［14］黎禾．排球训练教程［M］．北京：高等教育出版社，2008.

［15］连道明．软式排球运动［M］．北京：人民体育出版社，2001.

［16］刘佳．软式排球教学与训练［M］．长沙：湖南大学出版社，2004.

［17］钟秉枢，董进霞．气排球：老少皆宜的新型活动［J］．中国学校体育，1994（06）.

［18］杨峰．新兴的气排球运动［J］．中国排球，1996（01）.

［19］白志强．浅谈气排球比赛［J］．内蒙古教育学院学报，1999（4）.

［20］林永铭．气排球运动的健身观测［J］．福建体育科技，2001（3）.

［21］王晓桐，高峰．世界高水平女排比赛场逆转场次技术特征分析［J］．北京体育大学学报，2018，41（3）.

［22］王晓桐，高峰，王泽杰．世界高水平女排比赛逆转现象研究［J］．天津体育学院学报，2019，34（4）.

［23］季平，蔡志源．论我国创新的气排球之特性与展望［J］．漳州师范学院学报（自然科学版），2002（1）.

［24］仝茂华．对新兴娱乐体育项目：气排球运动的研究［J］．湖北体育科技，2003（3）.

［25］季平，蔡志源．气排球运动的技术含量与比赛规则

研究［J］. 漳州师范学院学报（自然科学）.

［26］夏思永，等. 软式排球　气排球　沙滩排球［M］. 桂林：广西师范大学出版社，2005.

［27］马启伟，张力为. 体育教育心理学［M］. 杭州：浙江教育出版社，1998.

［28］王卫星. 体能训练理论与实践［M］. 北京：高等教育出版社，2012.